Oscar Giannino

CONTRO LE TASSE

Perché abbattere le imposte
si può, si deve, e non è affatto «di destra»

MONDADORI

www.librimondadori.it

ISBN 978-88-04-57008-0

I edizione maggio 2007
II edizione giugno 2007

Indice

CONTRO LE TASSE

«Quando è troppo è troppo. Ci proponiamo perciò di abbassare energicamente le tasse, senza rinunciare all'equilibrio del bilancio e al sostegno di chi è meno fortunato. Una Grande Nazione non è la persecuzione al portafoglio dei suoi cittadini.»

JOHN F. KENNEDY

«Le tasse sono quella cosa grazie alla quale ciascuno di noi lavora per lo Stato, senza aver diritto a un concorso per diventare dipendente pubblico.»

RONALD REAGAN

Introduzione

Questo non è un testo di scienza delle finanze. Non è concepito per commercialisti e tributaristi, la congrega di eletti che molto si avvantaggiano dell'opacità imperscrutabile del nostro ordinamento tributario nazionale e dei milioni di pagine in cui si articolano le migliaia di provvedimenti fiscali emessi dai tempi della riforma tributaria, negli anni Settanta, nonché dei connessi strumenti attuativi, articolati in circolari ponderosissime delle diverse branche dell'amministrazione finanziaria, dell'Agenzia delle entrate come di quella delle Dogane. Scrivo da divulgatore, a costo di approssimazioni tecniche che molto faranno arricciare il naso ai cultori della materia. Ma è anche, se non soprattutto, colpa loro se nel nostro Paese l'imposizione fiscale è materia per una ristretta ed iniziatica cerchia di tecnici. Al contrario, nella storia della civiltà da sempre, «fin dall'inizio le più grandi battaglie per la libertà si sono combattute intorno a questioni di tassazione», come scriveva Edmund Burke oltre duecento anni fa. Ed è proprio tale, lo scopo dichiarato di questo libello: tornare a fare delle imposte una grande questione nazionale e internazionale di libertà, prima che di ogni altra cosa.

In larghissima maggioranza, nel nostro Paese i tecnici

della scienza delle finanze e del diritto tributario, dimentichi di una grande scuola «classica» italiana che culminò in Luigi Einaudi, si contraddistinguono per aderire alla tesi dello Stato tassatore. Come a una necessità fatidica, inevitabile, e per i più anche civilissima. Non scrivo per loro. Scrivo per il più vasto pubblico, rivolgo il pensiero ai quaranta milioni di cittadini e imprese che, a diverso titolo, presentano una dichiarazione dei redditi nel nostro Paese. Qualunque sia il partito per il quale votano e qualunque sia il modello di comunità pubblica che perseguono, idealmente mi rivolgo a ciascuno di loro suonando un tamburo di guerra.

È un pamphlet volutamente provocatorio. Se i toni risulteranno qua e là poco consoni all'occhio e all'orecchio di intellettuali e editorialisti sempre pronti a giustificare le esigenze dello Stato tassatore, non è certo perché chi qui scrive sia un invasato. Ogni parola è formulata sapendo e ricordando bene che ogni sondaggio conferma che nel nostro Paese è solo una sparuta minoranza a voler dichiarare guerra alle tasse. A pensare che sia giusta. Per crescere tutti di più. Soprattutto chi ha meno. Per fermare l'aumento della spesa pubblica, che ci impoverisce e ci rende non più giusti, ma più diseguali e peggio divisi tra figli e figliastri, a seconda di quale sia la forza rispettiva di ciascuno, come componente di lobby e gruppi di interesse capaci di levare una voce più forte, in quella confusa «plaza de toros» in cui si risolve l'arena pubblica nazionale che decide chi paga e quanto e, soprattutto, chi più incassa e come, della troppo copiosa messe di risorse finanziarie intermediate dalle amministrazioni pubbliche.

Per lo scopo che ci si prefigge, si è deliberatamente scelto di evitare ogni stile accademico fitto di note a piè di pagina, rimandi e ricchi apparati critici, per usare invece lo stiletto del paradosso e della denuncia. Chi presenta i quaranta milioni di denunce dei redditi deve essere in condizione – se lo vuole – di reimpadronirsi dei fondamenti di una sana nozione del limite invalicabile di ciò che lo Stato può chiedere all'individuo, alla persona, alla famiglia e all'impresa: si tratta di cardini che per ogni liberale «classico» pre-esistono allo Stato come ad ogni potere pubblico, figlio evolutivo dei diversi modelli di ordinamento giuridico radicatisi nel mondo. Già su tale sola nozione – l'inaccettabilità di soglie crescenti di spoliazione da parte dei poteri pubblici nei confronti di attori del diritto naturale che esistono prima di ogni Stato – sono state scritte nella storia della nostra civiltà intere biblioteche. Da John Locke ad Adam Smith, da Alexis de Tocqueville a John Stuart Mill, da Frédéric Bastiat a Pascal Salin, da Ludwig von Mises ad August von Hayek. Fino a don Luigi Sturzo e alla *Quadragesimo Anno* di papa Pio XI, scritta per commemorare e rilanciare la *Rerum Novarum* di Leone XIII: «Come non è lecito togliere agli individui ciò che essi possono compiere con le forze e con l'industria propria per affidarlo alla comunità, così è ingiusto rimettere a una maggiore e più alta società quello che dalle minori e inferiori libere comunità si può fare. Ne deriverebbe un grave danno e uno sconvolgimento del retto ordine della società ... Poiché oggetto naturale di qualsiasi intervento della società stessa è quello di aiutare in maniera suppletiva le assemblee del corpo sociale, non già distruggerle ed assorbirle».

Amen e così sia, verrebbe voglia di dire. Ma l'evoluzione del nostro Paese ha visto prima la sconfitta nelle accademie e nelle università del sano e classico pensiero liberale che da Francesco Ferrara a De Viti De Marco, passando per Vilfredo Pareto, aveva innervato all'alba del Novecento la scuola storica di economia politica italiana. Quindi ha registrato l'avvento di uno Stato che ha assunto per lunghi decenni sulle sue spalle compiti sempre più vasti, di supplente non ai «fallimenti del mercato» che pure esistono, ma di sostituto a tutti gli effetti della proprietà come dell'iniziativa privata, per poi iniziare dal 1992 una lenta e contraddittoria ritirata, che lo lascia però intransigente e capriccioso padrone assoluto della metà di ciò che ogni anno si produce e scambia nel nostro Paese. Infine, siamo agli anni più recenti. Quelli in cui, sulla scorta di modelli seguiti con grande successo all'estero di riduzione delle imposte, per riprendere il sentiero dello sviluppo e per concentrare lo Stato sulla redistribuzione solo a chi ha davvero bisogno, anche da noi il dibattito su «meno tasse» è sembrato nuovamente decollare. Per finire, tuttavia, nel volgere di pochi anni, impotente prigioniero del bipolarismo tribale che caratterizza l'incompiuta e ormai periclitante Seconda Repubblica.

L'obiettivo di un sistema del prelievo a due sole aliquote – e con la massima al 33% del reddito – posto dalla legge delega di riforma fiscale approvata da Silvio Berlusconi e Giulio Tremonti nella scorsa legislatura è stato prima realizzato poco e male da chi l'aveva scritto nel proprio contratto con gli italiani. Poi è stato travolto, con gioiosa soddisfazione, da chi ha vinto le elezioni dell'aprile 2006, in nome proprio dell'emergenza fiscale, della lotta all'evasione, del «basta coi condoni», del ritorno a deficit pubblici in linea col Patto di Stabilità e Sviluppo europeo. Nel giro di un anno, la pressione fiscale torna così a salire di due punti percentuali del PIL, come vedremo. Anche se le cifre sulle quali le elezioni erano state vinte – sia quelle del deficit pubblico tendenziale, sia quelle del gettito fiscale – si sono rivelate del tutto errate, tanto da far credere a una riuscitissima trappola mediatica ai danni del sentimento pubblico. Il ministro dell'Economia del governo Prodi, Tommaso Padoa-Schioppa, fino alla finanziaria 2007 dichiarava che la finanza pubblica italiana era in condizioni disastrose come nel 1992. A tre mesi dalla sua approvazione, ha annunciato al Fondo Monetario Internazionale che «l'emergenza della finanza pubblica italiana è rientrata».

È serio tutto ciò? È accettabile un dibattito pubblico in cui non vi è più possibilità di consenso su alcuna nozione né aggregato di contabilità pubblica, talché ciascuno può sostenere ciò che meglio aggrada all'esigenza polemica del momento? Oppure è solo il contribuente che alla fine ci rimette con certezza del proprio portafoglio, una volta che il polverone si dirada e la realtà riemerge, quando però nuovi provvedimenti di prelievo e nuove e pervasive modalità di riscossione sono state adottate in maniera permanente e duratura, sulla base di previsioni che nel frattempo vengono già nel giro di poche settimane disinvoltamente dichiarate superate? Sono solo alcuni degli interrogativi che qui ci porremo. Con una premessa: le nostre argomentazioni non sono affatto concepite a vantaggio di una delle due coalizioni politiche italiane contro l'altra, sempre che siano destinate a restare tali. Per almeno tre buone ragioni.

La prima è che abbassare le imposte non è affatto «di destra», come invece ritengono molti politici e editorialisti italiani. Governi moderati di destra come riformisti di sinistra hanno imboccato, come vedremo, tale strada in Europa e negli Stati Uniti, perché convinti della bontà delle conseguenze di tale metodo, e senza abbandonare in alcun modo quel terzo compito essenziale che lo Stato deve comunque prefiggersi anche secondo Adam Smith: «... primo dovere del sovrano è quello di proteggere la società dalla violenza e dall'invasione di altre società indipendenti ... secondo dovere del sovrano, quello di proteggere per quanto possibile ogni membro della società dall'ingiustizia e dall'oppressione di ogni altro membro, ossia il dovere di istituire un'esatta amministrazione della giustizia ... terzo e ultimo dovere del sovrano o repubblica è di erigere e mantenere quelle istituzioni e quelle opere pubbliche che, nonostante possano essere estremamente vantaggiose a una grande società, sono tuttavia di tale natura che il loro profitto non potrebbe mai ripagare la spesa a un individuo o a un piccolo numero di individui».

La seconda buona ragione è che per molti versi l'insuccesso del centrodestra nella scorsa legislatura, proprio nell'attuazione della rivoluzione fiscale che aveva promesso, ha potentemente tagliato l'erba sotto i piedi delle argomentazioni che qui sosteniamo: dunque non ci si può né ci si deve attendere particolare comprensione, e tanto meno sostegno, da chi nei fatti ha indebolito invece che potenziato l'attuabilità concreta di un serio e generalizzato programma di riduzioni fiscali.

La terza buona ragione è che la coalizione di centrosinistra al governo in Italia è legittimamente convinta del contrario, ma un altro centrosinistra più riformista e meno fiscal-giustizialista è possibile, come è stato possibile in altre grandi nazioni europee che le imposte non le alzano, ma le abbassano. La tante volte citata Svezia – esempio da sempre ricorrente per chi ritiene che con alte tasse vi sia più crescita e più giustizia sociale – ha visto la coalizione socialdemocratica uscente impegnata in un programma di serie riduzioni fiscali, e se alla fine alle elezioni del 2006 hanno vinto i conservatori è perché l'elettorato svedese ha ritenuto che quelle proposte dalla sinistra non bastassero, per restare concorrenziali nella grande competizione mondiale tra ordinamenti fiscali meno pesanti e più efficienti. Voci isolate ma autorevoli si sono levate nel recente passato anche nel centrosinistra italiano a favore delle nostre tesi. E noi le richiameremo puntualmente.

So bene che molti resteranno comunque convinti che questo pamphlet intenda alimentare e sostenere «la destra» contro «la sinistra». Ma non è così. Solo se le minoranze mercatiste e riformatrici, antistataliste e pro-sussidiarietà, minoranze che sono presenti in entrambi gli schieramenti, saranno disposte a levare la propria voce per meno tasse a prescindere dalle contingenze polemiche, solo in quel caso ciò che pensiamo avrà – forse – qualche probabilità in più di tradursi in un programma concreto: come quello che sta conducendo a una crescita impetuosa tutti i Paesi che sono entrati nell'Unione Europea da Est, ex satelliti dell'Unione Sovietica e della fallimentare economia statale di piano.

Per chiarezza e per non annoiare chi legge – nell'incertezza se sia più interessato alle questioni di filosofia della libertà, a quelle giuridiche o a quelle finanziarie – ci siamo qui dati una scaletta elementare, intorno alla quale riepilogare le combattive argomentazioni che ci prefiggiamo. Come e perché l'abbattimento fiscale sia tornato nel mondo a creare risultati e aspettative. Come e perché noi abbiamo invece seguito tutt'altra strada. Che cosa è avvenuto, dalla nascita del governo Prodi. Come e perché, l'evasore sia un millantato nemico. Quali siano i presupposti e i punti più seri all'ordine del giorno per un'azione decisa volta a invertire la tendenza, per chi ci volesse provare nel nostro Paese. Meglio oggi che domani. Meglio domani che mai.

I
Perché abbassare le imposte

Abbattere energicamente le imposte in un Paese in cui il prelievo fiscale è sopra il 42% del PIL – nel 2007 supererà il 43%, riportandoci al livello record del 1997, anche in quel caso al governo era il centrosinistra – e in cui le amministrazioni pubbliche assorbono oltre il 46% del PIL e la spesa pubblica nel suo complesso è oltre il 50% del PIL, serve a quattro cose distinte. A riprendere con maggior forza il sentiero della crescita. A sanare il gap che ci divide dalle economie trainanti del mondo e insieme da quelle emergenti in Europa. A perseguire un disegno di maggior libertà per gli individui. A realizzare un maggior dinamismo sociale, cioè a far salire più rapidamente in alto nella piramide sociale chi oggi sta in basso. Per noi e per chi la pensa così, il patto con gli italiani sottoscritto da Berlusconi che indicava in due sole aliquote il prelievo sui redditi personali, 22 e 33% con la soglia più alta a 100.000 euro di reddito, resta dunque «il» traguardo da realizzare. Anche se l'ex premier e leader della Casa delle libertà ha fallito nel suo intento, e si è piegato alla lunga guerriglia di oppositori e frenatori, nell'opposizione e nella sua maggioranza, di chi non ha capito l'importanza essenziale della rivoluzione fiscale. Oppure, avendola capita fin troppo bene, si oppone risolutamente a una seria azione di ridefinizione dei compiti delle pletoriche amministrazioni pubbliche.

Se si guarda a ritroso, al recente passato delle diverse esperienze internazionali in materia, e per quanto impopolare sia il sostenerlo, dobbiamo essere grati a George W. Bush, proprio a colui che sta concludendo la sua presidenza come una delle più discusse e meno amate nella storia americana. Le premesse per la riduzione delle imposte finalmente anche in Italia affondano le radici nella sua vittoria, nel 2000. Quando nel gennaio 2001 il presidente americano nel suo discorso di insediamento annunciò il programma in cinque punti del suo primo mandato, il taglio delle imposte era al primo posto. Un programma decennale di riduzioni fiscali di 1300 miliardi di dollari (allora, poco meno del nostro prodotto interno lordo), incentrato sull'abbassamento della tassazione dei guadagni di Borsa, con l'aliquota forfettaria del 20% ridotta al 15%, la discesa delle aliquote dell'imposta personale da 5 – 39, 36, 31, 28 e 15% –, con un ampio esonero nella fascia iniziale, a 4 – 33, 25, 15 e 10% – aumentando anche da 500 a 5000 dollari la detrazione per spese scolastiche. Negli USA viene tassato il nucleo familiare, e Bush aggiunse a quelle esistenti una ulteriore detrazione del 10% per i coniugi che lavorano entrambi. Questo complesso di proposte – se fosse stato reso permanente nell'attuale secondo mandato, invece che a tempo come l'ha approvato prudenzialmente nel primo il Congresso, ancora a guida repubblicana ma più cauto dell'amministrazione – avrebbe significato non 1300, ma oltre 1700 miliardi di dollari di tagli alle tasse.

I guru alla base di questo indirizzo affondano le proprie radici in una teoria che alla prova dei fatti si è dimostrata sempre valida, che non è affatto propria dei soli moderati e non contraddistingue affatto i conservatori. I Larry Kudlow, i John Mueller, i Brian Wesbury

– capo del team di previsioni della Griffin Kubik Stephens – il team Malpass/Ryding, che guida le previsioni di quell'altro supermarket finanziario che è Bear Stearns & Co, è un'intera generazione di economisti dell'offerta che si è affermata studiando le serie storiche degli effetti che i tagli alle imposte hanno avuto nella crescita americana, quando sono stati energici e resi credibili – cioè il più possibile permanenti – agli occhi di lavoratori e imprese. I tagli hanno sempre ampliato la platea impositiva e prodotto maggior gettito nel medio periodo, come avvenne nel 1925 quando l'aliquota marginale massima sui redditi personali fu abbassata dal 60 al 28% e il gettito in due anni si accrebbe di un terzo. Lo stesso avvenne sotto John Kennedy, che nel 1965 la portò dall'80 al 68%. Quando quel grande rivoluzionario conservatore di Ronald Reagan fece scendere in quattro anni l'aliquota massima da dove Kennedy l'aveva lasciata a poco più del 30%, non si è trattato di una «rivoluzione per ricchi»: negli anni 1981-89, il reddito del quintile più basso della stratificazione sociale americana crebbe del 7%, dell'8% quello del successivo quintile, del 12% quello mediano. Per effetto dei tagli reaganiani alle imposte, l'1% di contribuenti più ricchi passò dal garantire da solo il 18% del gettito nel 1981, al 24% otto anni dopo, e il 10% più ricco passò dal versare il 44% del gettito totale al 55%.

Quanto all'argomento centrale che tanto preoccupa in USA e in Italia il «fronte del no» – capitanato dalla sinistra eurortodossa che, da noi, ha sempre respinto i tagli in nome del no al temuto deficit che essi creano nell'immediato – il deficit federale americano era a 208 miliardi di dollari (attualizzati a prezzi odierni) quando nel 1983 Reagan adottò i tagli, toccò i 221 miliardi tre anni dopo, ma la persistenza in essere dei tagli costrinse il Congresso ad atti di energica riduzione addirittura automatica della spesa pubblica, come la legge Gramm-Rudman, che nel 1988 aveva ricondotto il deficit a 155 miliardi di dollari. Non creano il deficit, i tagli alle tasse, sono le spese pubbliche incontrollabili ad accrescere inerzialmente i disavanzi, che l'Europa al contrario difende. La stessa lezione si è puntualmente riprodotta in questi anni, dopo i tagli alle imposte varati da George W. Bush. Dal 2003, 7,5 milioni di posti di lavoro aggiuntivi sono stati creati negli USA, giunti al sedicesimo trimestre consecutivo di espansione dell'economia dopo la breve frenata del 2001. E il deficit federale, invece che verso o addirittura oltre la soglia dei 500 miliardi di dollari preventivata dai democratici americani, resta intorno alla metà: proprio grazie all'esplosione del gettito raccolto abbassando le aliquote, e malgrado il maxi bilancio della Difesa che supera il 4% del PIL americano, con la guerra in Iraq e Afghanistan.

Il risultato è stato spettacolare, e dà ragione su tutta la linea a noi liberisti. Le imposte federali americane stanno registrando un exploit stratosferico, hanno raccolto nel 2006 un extragettito di 89 miliardi di dollari più del previsto nel 2005, e si avviano a essere nell'esercizio attuale di 123 miliardi superiori al previsto nel 2006. Perché i tagli delle aliquote più alte, se energici e concentrati nel tempo, non sono affatto regali ai ricchi ma danno ali alla crescita, e facendo emergere imponibile accrescono il gettito e arricchiscono lo Stato. Ogni euro di imposte teoriche in meno non è una risorsa sottratta allo Stato e ai servizi pubblici, è un euro che ne frutta due in maggior crescita e dunque dà maggior gettito. Ed è sempre risultato così, qualunque sia stato il colore del governo che ha deciso in tal senso. Da che Bush figlio ha tagliato le tasse, l'economia americana è cresciuta del 20%: da noi meno di un quinto. E, all'interno degli USA, a crescere di più sono gli Stati che non applicano imposta aggiuntiva sui redditi: l'Arizona è cresciuta nel 2006 dell'8,7%, il Nevada e la Florida dell'8,2%, l'Idaho del 7,8% e l'Oregon del 6,7%. L'Irlanda ha cominciato a tagliare le tasse dal 1993, e la sua pressione fiscale sul PIL è scesa dal 42,2% – quella italiana del 2005 – al 34,5%: col risultato che è il Paese europeo che è cresciuto di più, mentre il gettito delle imposte è cresciuto del 192% rispetto a 13 anni fa. Quando l'Australia dieci anni fa abbatté l'aliquota sui redditi d'impresa dal 36 al 30%, il gettito fiscale s'impennò del 60%. Il Tesoro degli Stati Uniti, nel suo sito ufficiale, stima che per ogni 10 dollari aggiuntivi raccolti dalle imposte, da 2 a 6 dollari, a seconda dei diversi cespiti, siano perduti per l'economia e la sua crescita.

L'Europa brinda quest'anno al potenziale superamento nel 2007 – per la prima volta in un quindicennio – del proprio tasso di crescita medio, rispetto agli USA. Ma a parte il fatto che è tutto da vedere se ciò si realizzerà, se il gap di crescita relativa accumulato si azzerasse d'ora in avanti e anzi la crescita USA restasse sotto di un punto l'anno a quella tedesca, a Berlino servirebbe fino al 2025 per recuperare le posizioni perdute, in termini di PIL pro-capite a parità di potere d'acquisto. E, a noi italiani che siamo cresciuti meno della media europea, che restava tra il 35 e il 45% inferiore a quella USA nell'ultimo decennio, servirebbe un lasso di tempo ipotizzabile fino al 2040.

Per questo, il Berlusconi che al convegno di Confindustria del 3 aprile 2004 ancora sosteneva che «se entro la fine della legislatura non saranno in vigore le due aliquote IRPEF del 22 e del 33% non mi ricandiderò», per l'Italia aveva una portata rivoluzionaria. Non le ha tagliate, si è ricandidato, e ha perso. Di poco, ma ha perso. E certo proprio quella mancata promessa è stata tra gli argomenti più decisivi, nella sua sconfitta.

Tagliare le imposte significa obbligare a piegarsi verso il basso la spesa pubblica corrente, esercizio che da noi non riesce né a destra né a sinistra. L'incredibile vicenda dei 18 mesi della verifica di governo aperta da UDC e AN contro l'allora ministro dell'Economia Giulio Tremonti, reo di voler attuare l'abbattimento fiscale e di comprimere la spesa, registrò cedimenti massicci alla logica degli sminuzzamenti dilatorii e delle microtutele sociali, delle piccole dosi e dei passettini gesuitici, dell'aumento delle retribuzioni ai pubblici dipendenti secondo tassi annuali che dal '99 a oggi superano di un punto e mezzo percentuale (quando non di due) all'anno quelle del settore dell'industria privata. Tagliare e dilazionare gli sgravi fiscali promessi dal governo Berlusconi alla sua nascita in piccole fette annuali ha annegato nel nulla l'effetto stesso prioritario della frustata di fiducia derivante dagli sgravi alle imposte sulle aspettative degli operatori economici, famiglie e imprese. Perché abbia effetto, la «spinta» fiscale deve essere di massa, energica, concentrata. Nelle condizioni in cui versa oggi la macchina pubblica italiana, oltretutto, il «meglio gradualista» è nemico del bene.

Nell'ambito della rivoluzione «offertista» e della *supply side economics*, la rivoluzione antikeynesiana che pose le basi per la sfida reaganiana vinta sui tagli alle tasse, fu Robert Solow, nel suo *A Contribution to Economic Growth* del 1956, a riclassificare i cinque diversi effetti negativi esercitati da alte aliquote sulle determinanti della crescita economica: gli investimenti, l'offerta di lavoro e la sua propensione all'attività, l'allocazione dell'offerta di lavoro in settori più o meno produttivi, la produttività marginale del capitale investito, l'efficacia e lo stock degli investimenti nelle tecnologie trainanti.

Per centrare insieme tutti e cinque gli obiettivi occorreva, e occorre ancora, da noi abbattere d'un colpo insieme sia IRPEF che IRAP. L'aliquota media di prelievo sul reddito d'impresa è scesa in area OCSE dal 41% nel 1986 al 29,4%% nel 2005. Quella più alta sul reddito delle persone fisiche è scesa in media dal pauroso 67% dove era giunta nel 1980, al 37% nel 2005. Eppure lo Stato non è affatto dimagrito, visto che nell'area OCSE il suo gettito fiscale è passato dal 32% del PIL complessivo nel 1980, al 41% del 2005: come si vede, la curva di Laffer – tanto odiata dalla sinistra, per la quale è assolutamente falso che l'aliquota fiscale massima asintotica produca zero gettito, mentre la massimizzazione del gettito proviene da una bassa aliquota di equilibrio, che incentiva offerta di lavoro aggiuntiva marginale – funziona assai più di quanto non ammetta tanta parte della sinistra italiana ed europea.

Decisi tagli alle tasse non solo fanno crescere di più nel breve chi li pratica concentrati nel tempo, come è avvenuto ad esempio all'Irlanda in Europa, ma nel medio-lungo periodo ampliano anche la platea fiscale e fanno emergere imponibile nascosto. Sa Dio quanto di tutto questo l'Italia abbia bisogno. A costo di qualche sfondamento del deficit a breve? si sono sempre chiesti i critici. Ebbene sì, anche a quel costo, se il gioco vale la candela e le riduzioni fiscali sono energiche, coraggiose e sistematiche. Perché poi, quanto più decisi i tagli saranno oggi, nessuno avrà più coraggio di rialzare le tasse domani. E bisognerà allora per amore o per forza, tagliare la spesa. Ma, in ogni caso, l'argomento del tanto temuto deficit aggiuntivo è già caduto. Malgrado i tagli alle imposte di Berlusconi siano stati assai più timidi di quanto prevedesse il piano-Tremonti, l'effetto ottenuto è stato di non aggravare con maggior prelievo la stasi della crescita italiana, e anzi appena da metà 2005 il PIL del nostro Paese ha ripreso a crescere trainato dall'export, ecco che il gettito tributario è esploso, tanto da far chiudere l'indebitamento di competenza 2006 al 2,4% del PIL, al netto delle partite patrimoniali straordinarie aggiuntevi dal governo Prodi per non contraddirsi clamorosamente, dopo anni passati dall'opposizione a inveire contro i presunti effetti di deficit devastante creati dai tagli tremontiani. Ma su questo torneremo.

Far pagare meno i ricchi o di più?

L'eterna sfida fra il liberal-liberismo e il modello socialdemocratico è fatta di numeri, visto che i due modelli si giudicano in base alla crescita che realizzano e distribuiscono. Ed è esattamente la domanda che si è posto uno tra i più stimati macroeconomisti americani, il premio Nobel Edward C. Prescott. Cinque anni fa, nel suo bellissimo *Barrier to Riches*, Prescott aveva esposto la sintesi delle sue ricerche intorno a che cosa impedisse ai concorrenti degli USA di adottare la chiave del nuovo *business cycle* americano, caratterizzato da forte crescita e bassa inflazione: la massimizzazione della produttività multifattoriale. Successivamente, nello studio che gli è valso il Nobel nel 2004, Prescott ha intrecciato la sua pista originaria con quella fiscale. «Come mai gli americani lavorano così tanto più degli europei?», si è chiesto Prescott. La risposta contiene ancor oggi l'indicazione di quale sia la strada da battere anche in Italia.

Ma occorre una premessa. La siderale differenza accumulata nei recenti anni tra la produttività americana ed europea dipende da diversi fattori. Primariamente essa, secondo molti studiosi, è l'effetto che l'investimento massiccio in tecnologie dell'informazione ha realizzato in processi e prodotti, logistica e distribuzione, oltre che nel massimizzare l'efficienza dei servizi finanziari e infrastrutturali alla produzione. Quanto alla manodopera, il problema non sta nel fatto che in termini di prodotto pro-capite per ora lavorata l'occupato italiano ed europeo non tenga il confronto con il collega americano. Di fondo, la maggior produttività della manodopera americana dipende dal fatto che i lavoratori americani lavorano più ore al giorno, più giorni alla settimana, più settimane all'anno, e nella popolazione in età da lavoro sono molto più alte le percentuali di chi partecipa al mercato del lavoro invece che stare a casa, a studiare o in pensione. Per valutare meglio questo gap, Prescott innanzitutto ha riconsiderato i parametri «tradizionali» con cui si misura la produttività degli addetti. Rispetto alle ore di lavoro prestate annualmente per addetto e al PIL pro-capite per ora lavorata, i due standard usati nella ricerca economica, ha ricalcolato le statistiche computando il PIL prodotto pro-capite annualmente nell'intera classe dei lavoratori potenzialmente attivi tra i 15 e i 64 anni. Ha poi riclassificato tale dato a parità di potere d'acquisto, depurato dalla volatilità dei cambi, e considerando solo il PIL «ufficiale» su cui si pagano imposte e contributi – per cui il dato del PIL italiano scende del 16% di «nero» che l'ISTAT vi ingloba.

Il risultato di Prescott è che negli anni tra il 1970 e il

1974, fatto pari a 100 il PIL pro-capite annuale realizzato dal lavoratore americano, quello tedesco era pari a 75, quello francese a 77, quello italiano a 53. Dopo venti anni, tra il 1993 e il 1996, i dati erano ancora pressoché invariati: fatto 100 quello americano, il tedesco e il francese producevano 74, l'italiano di poco migliorava a 57. Ma la produttività per ora lavorata degli europei si era enormemente accresciuta, passando da 72 a 99 per il tedesco rispetto al 100 americano, da 74 a 110 per il francese, da 65 a 90 per l'italiano. A scendere tragicamente erano invece le ore lavorate: sempre facendo pari a 100 quelle del lavoratore USA, erano scese da 105 a 75 per il tedesco, da 105 a 68 per il francese, da 82 a 64 per l'italiano.

E che cosa spiega una tale divaricazione nell'offerta reale di lavoro? Che il picco di maggior partecipazione al lavoro si sia determinato negli USA tra donne sposate e nelle classi di età medio-alte a basso reddito dipende proprio dall'abbassamento delle aliquote fiscali e contributive realizzato a beneficio dei loro redditi personali con la riforma fiscale del 1986. E per tale effetto anche il finanziamento del Welfare – negli USA essenzialmente privato, da noi pubblico ma non cambierebbe il beneficio, effetto di una più vasta platea contributiva – risulta oggi più «coperto» di quanto sarebbe avvenuto con tasse più alte. Prescott arriva a calcolare quanto sarebbe il miglioramento di occupati, produttività e finanziamento del Welfare per ogni Paese europeo, abbassando di un decimo rispetto alle aliquote attuali i gravami impositivi e contributivi.

Poiché è un economista serio, Prescott aveva chiesto agli economisti europei di seguire a propria volta la sua pista, per cimentarsi con studi e simulazioni. Ebbene nell'aprile 2007 è finalmente avvenuto. Günter Coenen, Peter McAdam, e Roland Straub, che prestano la propria opera di economisti a Francoforte, presso il direttorato studi e ricerche della Banca Centrale Europea, hanno finalmente portato nuovi argomenti concreti a favore di noi mosche bianche liberiste che chiediamo il calo generale delle imposte. La loro ricerca è stata pubblicata nella serie dei *Working Papers* della BCE, con il numero progressivo 747, e il titolo *Tax Reform And Labour-Market Performance In The Euro Area*. Sbaragliando in un solo colpo tutti gli economisti europei, che sostenevano pervicacemente negli ultimi tre anni che erano del tutto campate in aria le tesi del Nobel dell'Economia Ted Prescott, che ha vinto il premio proprio provando quanto le alte tasse che gravano su noi italiani ed europei servano solo a far lavorare di meno la gente, con effetti di riduzione del reddito disponibile maggiormente gravi proprio per chi ha le qualifiche più basse, e non certo invece redistributivi a loro vantaggio, come invece predicano gli statalisti tassatori e le sinistre unite di tutto il continente. Anche da noi tanti stimati economisti come Luigi Spaventa e, naturalmente, Vincenzo Visco, respingevano le tesi di Prescott sostenendo che le sue regole e princìpi da noi non trovano alcuna conferma empirica. Sono stati smentiti, e per di più da tre guru dell'Eurotower, la culla dell'ortodossia rigorista europea, non da tre esponenti conservatori britannici seguaci di Hayek e di Milton Friedman. I tre studiosi della BCE sono giunti, anch'essi, a conclusioni in piena linea con le tesi di Prescott.

Eccole. In Italia si pagano troppe tasse: il 65,8% rispetto al 64,1% della media di Eurolandia e al 37,3% degli Stati Uniti, dicono i tre studiosi. Bisogna stare attenti: tale parametro non è calcolato rispetto al PIL, ma si ottiene sommando le aliquote medie che gravano in ciascun Paese sui consumi, sul lavoro e sul reddito. Particolarmente pesante è da noi il cuneo fiscale e contributivo, che rappresenta quasi la metà della pressione fiscale complessiva: il 31,8%, di cui il 24,9% a carico delle imprese e il 6,9% sui lavoratori. L'altra metà è composta da tasse sul reddito e sui consumi. Conclusione: se in Eurolandia si seguisse la pista di Prescott e si tagliassero tasse e contributi sociali portandoli al livello degli Stati Uniti, nel lungo termine l'economia crescerebbe del 12% e i salari del 25%, sottolineano gli esperti dell'Eurotower. Cresceremmo di più e meglio della Cina. Nel caso italiano a un prelievo contributivo assai elevato sul lavoro, soprattutto a carico dell'impresa (24%, contro il 21,9% della media Ue-12), si sommano imposte sui consumi e sul reddito che sforano ampiamente la media dell'eurozona. «Abbassando il carico fiscale nell'area dell'euro ai livelli degli Stati Uniti - concludono gli studiosi della BCE - il risultato sarebbe un aumento delle ore lavorate e della produzione di oltre il 10% nel lungo termine.»

Capite che cosa vuol dire, che i salari aumenterebbero del 25% netto con aliquote basse? Capite che è l'esatto contrario di quanto sostengono coloro che hanno reintrodotto in finanziaria le cinque aliquote Irpef, affermando che lo facevano contando così di poter reperire più risorse a beneficio di chi ha i redditi più bassi? Mentivano. Chi alza le aliquote lo fa solo per affastellare più fieno dalle nostre tasche nella greppia di Stato in cui partiti e governi affondano le mani.

Quel che conta però non è la previsione al decimale. Ma la lezione da trarre. Prelievi fiscali e contributivi più bassi inducono a lavorare di più e ciò significa più fette di torta per un maggior numero di cittadini. Far finta di studiare fino a trent'anni e pensionarsi a cinquantasette come facciamo noi – e molti vogliono continuare a fare, protestando contro il cosiddetto «scalone» della riforma Maroni – significa invece tirare la cinghia e pagare più tasse, al di là di ogni illusione ed eccezion fatta, naturalmente, per i più privilegiati.

Altro fattore comparativo da considerare: verso dove si è diretta la liquidità liberata alle famiglie americane dai tagli alle imposte di Bush? In una forte crescita della domanda interna, della spesa in consumi. Soprattutto in beni durevoli, quelli destinati a durare cioè più di tre anni, mobili, elettrodomestici, automobili. La quota di PIL americano trainata dai consumi interni è salita negli ultimi sette anni di 4 punti, dal 68 al 72%, e l'aumento si deve quasi per intero ai beni durevoli, che da soli «pesano» ormai per l'11% del PIL americano, più che raddoppiando la quota in un decennio. E sapete perché? Perché i prezzi dei beni durevoli sono scesi spettacolarmente, grazie all'elevatissima produttività. Mentre l'indice generale dei prezzi USA saliva complessivamente del 20% nell'ultimo decennio, i prezzi dei servizi crescevano del 31%, quelli dei beni non durevoli (abiti, cibo, benzina) sono saliti meno dell'inflazione, del 17%. Ma quelli dei beni durevoli, nel frattempo, sono diminuiti addirittura del 15%. Da dieci anni, grazie agli immensi guadagni di produttività che si registrano nel settore, scendono ininterrottamente tra il 2 e il 3% annuo.

E non è solo in maggiori consumi che si sono riversati i maggiori redditi degli americani. Se nel 1989 solo il 31,6% di loro deteneva titoli sui mercati finanziari, a fine 2001 erano il 52%. Oggi sono quasi il 60%. E sempre più risparmiatori si sono diretti verso «strumenti di mercato» a sostegno delle proprie pensioni, come i Lifetime Savings Accounts, i «fondi 401», gli Individual Retirement Accounts. Nel suo secondo mandato, Bush si è proposto di estendere ulteriormente i confini di questa grande *ownership society*, un modello di società il cui grande meccanismo di integrazione e mobilità sociale è rappresentato non dai trasferimenti pubblici ma dal fatto che ciascuno diventa «più proprietario». Per questo Bush ha agevolato l'investimento in strumenti di mercato, proponendo di abbassare di metà la precedente aliquota contributiva che gravava sulle buste paga, negli USA un già modestissimo 12,4% del salario lordo. Perché i mercati finanziari vivono nel breve di bolle e di frenate, ma nel medio-lungo periodo garantiscono rendimenti superiori al 2% annuo riconosciuto dalla Social Security pubblica. Persino nel ventennio peggiore del mercato finanziario USA, quello 1929-48, il rendimento medio annuo fu del 3,35%. E da che dipende l'alto rendimento dei titoli finanziari? Dai profitti attesi delle imprese. Che in questi anni sono sostenuti dalla crescita dell'Information technology. La quale ha un altro merito «democratico»: se consente da un lato forti innovazioni di processo e di prodotto *labour saving* – di qui le polemiche sulla *jobless recovery* da parte sindacale, cioè dal fatto che la crescita avvenisse solo a vantaggio dei bilanci delle imprese ma con meno occupati – dall'altro, per le caratteristiche stesse dell'informazione e della sua immaterialità, rende molto più bassa l'«appropriazione schumpeteriana» dei profitti da parte dell'imprenditore innovatore, e si spalma invece molto più decisamente in prezzi bassi ai consumatori di quanto sia capitato con le altre rivoluzioni tecnologiche. Come dimostrano gli studi del grande William Nordhaus, che non solo i politici italiani ma anche molti dei capi della Confindustria nostrana farebbero bene a leggere.

Tagliare dal basso?

L'onorevole Piero Fassino, ancora ad aprile 2004, in un suo decalogo annunciava sgravi, in caso di affermazione elettorale al 2006, in non meno di 1500 euro di IRPEF per i redditi bassi e 600 per i redditi medi. Non faceva cifre di soglie precise di reddito, ma in ogni caso l'obiettivo con la finanziaria 2007 si è decisamente perso per strada. Giuliano Amato, il 10 luglio 2004, esprimeva invece il proprio deciso compiacimento per il fatto «che il Paese sia consapevole di diventare più povero, con una riduzione generalizzata delle tasse». Al terzo Congresso DS al Palalottomatica, nel febbraio 2005, gli sgravi sui redditi delle persone fisiche sono scomparsi dall'orizzonte promesso dalla sinistra, sostituiti solo da qualche modesta apertura sull'IRAP, e per il resto da un inno alle tasse come cemento della democrazia e garanzia della socialità redistributiva.

È stata una terribile battaglia, quella combattuta in questi anni dai difensori della spesa pubblica per aggredire i tagli alle imposte tacciandoli di essere solo al servizio dei ricchi, e contropropondendo solo ritocchi per i bassi redditi. L'esempio americano risulta ancora una volta più che mai utile. I dati sugli effetti di oltre venti anni di riduzione delle aliquote sulle diverse fasce di reddito americane sono quelli elaborati dal Congressional Budget Office. Nel 1984, prima della rivoluzione di Reagan, l'aliquota marginale più elevata sui redditi sfiorava addirittura il 70%. Oggi è scesa alla metà. Risultato, considerando il contributo al totale delle imposte federali disaggregato per quintile di reddito: quello più basso, cioè i più poveri, hanno visto abbassare la propria quota dal 2,4% del 1984 all'1,1% del totale del gettito raccolto nel 2005; il quintile più alto, i ricchi, hanno visto alzare la propria quota parte sul totale delle imposte raccolte dal 55,6% di venti anni fa al 67,3% del 2002; quanto agli «ultraricchi», il decile più alto di reddito, è passato dal 39,3% del totale del 1984 al 52% secco del 2005; i «nababbi», cioè il 5% di redditi più alti, è passato dal 28,2% di venti anni fa al 39% del 2005; e infine i «Paperoni», l'1% di redditi americani massimi, sono passati dal 14,7% del totale delle imposte raccolte nel 1984, al 25% del 2005.

Una vera débâcle, per i riccastri repubblicani che hanno sostenuto Reagan e Bush figlio sulla strada dei tagli alle tasse, e punito anni fa Bush padre perché aveva contravvenuto alla promessa di non alzare le imposte. Con tale strategia, infatti, hanno accresciuto la propria quota parte di sostegno alla spesa pubblica, dimezzandola ai poveri. Perché con aliquote più basse i ricchi pagano di più e i poveri meno. Si badi bene, questo effetto di traslazione si accresce e diventa «socialmente» tanto più evidente quanto maggiore e concentrato nel tempo è il taglio alle aliquote più elevate, l'esatto contrario di quanto predicano da noi i sedicenti rassicuratori della «socialità», sempre pronti a ripetere che bisogna evangelicamente procedere tagliando dal basso.

Il problema è più di fondo. Il fatto è che tutte le proiezioni sugli effetti di cassa, in termini di minor gettito, dell'abbassamento delle aliquote, vengono realizzate in questi anni di convulso dibattito italiano sulla base dell'attuale stratificazione dei contribuenti italiani. E come potrebbe essere altrimenti? ci si potrà chiedere. A questa domanda c'è invece una duplice risposta. La prima più tecnica, apparentemente meno convincente ma invece assolutamente seria. Se scaricate da Internet i paper sugli effetti delle minori aliquote introdotte negli USA negli anni Venti e poi sotto Kennedy, Reagan e Bush figlio, l'effetto è che quanto più la riduzione è energica, concentrata nel tempo e sostanziosa anche per le aliquote alte, tanto più sarà il decile più alto di reddito a pagare una maggior quota sul totale del gettito riscosso dall'amministrazione pubblica. Quanto meno l'azione è sinergica e concentrata nel tempo, tanto più si attenua l'aggiustamento distributivo e continueranno a essere i contribuenti a reddito minore quelli da cui lo Stato prende il più del foraggio per la sua mangiatoia.

La seconda risposta in realtà discende dalla prima, ma è più intuitiva. Oggi, oltre i 70.000 euro di reddito si colloca secondo l'anagrafe fiscale solo meno dell'1% dei contribuenti. Poco più di 390.000 unità. Invitiamo a un check immediato. Fate mente locale a patrimonio e consumi stimabili di quanti conoscete. Rispondetevi da soli, se vi sembra che meno di uno solo su cento, tra amici e conoscenti, mostri in apparenza di vivere con un reddito superiore ai 3500 euro netti al mese. Come dite? I conti non vi tornano? Se siete a reddito dipendente e col fisco regolate il rapporto solo tramite sostituto d'imposta, oppure se il vostro commercialista non è molto sveglio, bene. Altrimenti sapreste certamente che la risposta c'è: quanto più elevata è l'aliquota marginale, tanto più il sistema spinge a eluderla e aggirarla, alle società di comodo e a tutti i meccanismi che la legge consente per sfuggire all'aliquota personale che vi riguarda. Oltre a quelli che la legge non consente, naturalmente. Negli anni di governo Berlusconi in cui il taglio alle tasse è stato avversato anche da settori di UDC e AN, molti elementi hanno fatto pensare che la destra «sociale» italiana condivida in realtà ideologicamente la contrarietà ai tagli alle imposte esposta in opere come *L'eguaglianza e le tasse* della diessina Laura Pennacchi. Tutti i più tenaci nemici dei tagli alle imposte ragionano in base alla fotografia dell'Italia rilasciata dall'attuale anagrafe tributaria. Una fotografia decisamente e certamente falsa, come fallaci per conseguenza sono le deduzioni alle quali induce. Si crede così di compiacere l'equità non tagliando le tasse agli odiati ricchi, e si eterna invece per effetto l'onere ai poveri, e il premio agli attuali evasori.

Tante volte negli anni recenti il partito del «no a meno tasse» ha invocato e invoca, al suo posto, una «inversione sociale» della politica economica, volta a dare di più a chi ha meno. Una buona risposta viene dalla ricerca che Maria Rosaria Marino e Chiara Rappalini hanno pubblicato nella collana del Servizio studi Bankitalia, su «Composizione familiare e imposta sul reddito delle persone fisiche: un'analisi degli effetti redistributivi e alcune considerazioni sul benessere sociale». L'analisi riguarda gli anni tra il 1981 e il 2001, cioè fino all'attuazione – esclusa – del primo modulo della riforma fiscale Berlusconi, concentrato per 5 miliardi di euro nel 2002 sui redditi più bassi. Il passaggio dalle aliquote e detrazioni in vigore nel 1989 a quelle del 2001 ha determinato un aumento dell'aliquota media netta quale che sia la tipologia familiare considerata, e questo è di fatto – al di là delle intenzioni (voglio dire) ché certo non erano quelle – il modo in cui la sinistra ci ha portati nell'euro, deprimendo redditi, consumi e attività economica. Gli aumenti maggiori si sono concentrati sulle famiglie monoreddito senza figli a carico. Hanno risentito più delle famiglie bireddito delle modifiche apportate a scaglioni e aliquote, e la maggiore imposta non è stata compensata da detrazioni. A prescindere dal livello di reddito familiare e della sua ripartizione tra coniugi, l'aliquota netta media sul nucleo monoreddito è sempre maggiore di quella gravante sul bireddito, e la penalizzazione si è aggravata a partire dal 2001, attesta lo studio pubblicato da Bankitalia.

L'«inversione» che serve, invece, la scossa necessaria a riattivare l'economia e invertire il segno penalizzante dell'eccesso d'imposta sin qui seguito, va dunque volta a estendere l'effetto perequativo sin qui modestissimamente limitato alle sole famiglie numerose, monoreddito e appartenenti alle fasce meno elevate. Specialmente dopo una lunghissima era in cui la pressione fiscale è aumentata a livello macro e l'aliquota media netta è cresciuta, in varia misura, per tutti quale che sia la tipologia familiare considerata, una migliore distribuzione del reddito si realizza proprio attraverso l'abbattimento dell'aliquota ai redditi medi e più elevati, portandola come prometteva il contratto con gli italiani berlusconiano al 33% solo per chi supera i 100.000 euro e per il 23% a tutti gli altri.

Dissero che erano pazzi, i presidenti americani Warren Harding e Calvin Coolidge che abbassarono l'aliquota marginale sul reddito dal 77 al 55% prima, e poi al 25% tra il 1920 e '25. L'effetto fu che nel 1926 e '27 il gettito federale delle imposte, in calo da anni, riprese a crescere prima del 3 e poi del 7%. La disoccupazione scese dal 6,5 al 3,1%, prima che scoppiasse la crisi di Borsa del '29. La crescita del PIL accelerò dal 2 al 3,4% annuo. E, soprattutto, coloro che avevano un reddito superiore ai 100.000 dollari all'anno passarono dal garantire il 29,9% dell'imposta raccolta nel 1920, a pagarne invece il 62,2% nel 1929. Ecco ciò di cui c'è bisogno.

Aiuto alla domanda estera versus socialità

Perché beneficare gli italiani di altri sgravi fiscali sui redditi personali, quando i loro maggiori consumi potrebbero tradursi poi in maggiori importazioni dall'estero, più che nell'acquisto di prodotti realizzati da imprese italiane? Lo hanno detto e scritto in molti, in questi anni, obiettando ai tagli alle imposte. Lo ha detto, incredibilmente ma non troppo, in primis la Confindustria. Che, nel nostro Paese, è per i tagli alle imposte se e solo se riguardano esclusivamente l'impresa, non le persone fisiche. Obiezione surreale. È come dire che per via delle difficoltà e dell'incapacità delle imprese italiane – con tutte le eccezioni del caso, per fortuna – di essere competitive in prodotti e tecnologie all'altezza, è bene che gli italiani abbiano meno da spendere per non arricchire i più bravi concorrenti stranieri. Un disincentivo fiscale introdotto per mantenere il gap negativo concorrenziale, insomma. Via: la sfida al rilancio della competitività italiana è cosa seria e va assunta come un obiettivo primario. Ma passerà attraverso l'inevitabile selezione di chi è più efficiente sul mercato, senza guardare alle bandierine nazionali. Chi propone come alternativa all'abbattimento fiscale un rilancio della politica «sociale e industriale» – e sono in tanti, sui giornali confindustriali, a sostegno del ritorno a confusi incentivi pubblici come quelli del progetto Impresa 2015 varato dall'attuale governo – talvolta, e anzi spesso, non solo non nutre avversione verso uno Stato rapinatore di gettito, ma ha proprio nostalgia a tutto tondo delle vecchie partecipazioni statali, delle politiche di piano, e del «ministro della produzione nello Stato collettivista» che già provocava strali e derisioni da parte di quel grande maestro del liberalismo economico italiano che era Enrico Barone. Nel 1908. Se lo rilegga, chi a sinistra e destra è nostalgico delle politiche di piano. O sogna le «reti pubbliche», rimpiangendo la STET e sostenendo che le imposte servano a tappare i buchi paurosi delle Ferrovie dello Stato, quelli dell'ANAS o addirittura a ricomprarsi la Telecom, tutte attività che anche il peggior proprietario privato – come spesso è infatti avvenuto proprio a Telecom Italia – esercita comunque meglio della mano pubblica. E senza gravare sulle nostre tasche di contribuenti.

«La forza dei governi è inversamente proporzionale al peso delle imposte», scriveva il grande Emile de Girardin nel suo *Il socialismo e l'imposta*. Ebbene il 15 aprile è l'USA Tax Day, il giorno dopo il quale gli americani lavorano per sé, dopo aver soddisfatto il fisco. Da noi, bisogna lavorare sino a fine giugno. Non c'è solo un obiettivo di crescita economica, nel taglio delle imposte. Diminuirle è non solo utile, ma giusto, perché i cittadini hanno dalla loro il diritto legittimo di spendere come preferiscono i propri guadagni. L'imposta è nient'altro – si usa qui un'espressione forte, sapendo che farà sobbalzare la maggioranza dei lettori, almeno secondo i sondaggi – che un furto legalizzato. Torchiare lo Stato rapinatore per renderlo meno smargiasso e più parco, allora, è un bene di per sé. Il fisco come forma di schiavitù e sfruttamento è al centro delle riflessioni liberali da Herbert Spencer a Murray Rothbard. E anche i nemici o gli scettici, in un contesto storico e giuridico come quello europeo, dello Stato minimo sostenuto da Robert Nozick, riflettano su quanto ebbe a dire James Buchanan: «È criticamente e vitalmente importante rendersi conto della differenza che passa tra il 10% e il 50% di schiavitù».

Diceva Antonio Gramsci che «gli intellettuali sono

"i commessi" del gruppo dominante per l'esercizio delle funzioni subalterne dell'egemonia sociale e del governo politico». Un'espressione sicuramente forte. Ma una conferma ad essa del tutto inopinata è venuta in questi anni proprio sul tema dell'abbattimento del prelievo fiscale. Al quale la grande maggioranza dei commentatori italiani ha opposto un fiero e secco no. Finché si è trattato di Eugenio Scalfari e di «Repubblica», passi, la politica prevale sui contenuti quando si tratta di dire no – è più che legittimo, per i molti che ragionano così – a Berlusconi. Ma a colpire è che siano stati anche molti giornali, un tempo definiti «borghesi», a sparare spesso ad alzo zero, senza quasi mai affrontare il tema in punta di merito, alla luce delle esperienze storiche comparate, e del livello del prelievo che asfissia l'economia italiana mentre i nuovi entranti da Est nell'UE non a caso realizzano spettacolari boom proprio grazie a energiche correzioni al ribasso delle imposte. Pochissimi, attenti a notare che l'Austria ha mandato in crisi il tradizionale buon vicinato con la Germania proprio per effetto dell'energico abbattimento delle sue aliquote, fino a indurre anche il governo di *Grosse Koalition* guidato da Angela Merkel a tagliare di 9 punti l'aliquota marginale sul reddito d'impresa, facendola scendere al 29% e col bel risultato che attualmente quella italiana è la più alta in Europa. Nessuno o quasi, a far caso all'esempio dell'Estonia che, abbassando l'aliquota massima sul reddito delle persone fisiche al 26%, da 8 anni è passata dalla stasi precedente a crescere del 5,2% annuo di media. Né varrà come esempio la Lettonia, dove l'aliquota marginale è stata portata al 25% dopo che in 5 anni il PIL si era ristretto della metà, col risultato che negli ultimi 4 anni è cresciuta in media del 3,9% annuo.

Né tanto meno c'è da sperare che in Italia si possano piegare le resistenze «sociali» citando l'esempio della Russia, unico vero grande Paese continentale a batterci per evasione fiscale. Da che l'IRPEF è stata drasticamente ridotta di oltre il 50%, portandola alla *flat tax* con aliquota unica al 13%, il gettito raccolto a livello federale è letteralmente triplicato in 4 anni, passando dai 965 miliardi di rubli del 2000 ai 1892 del 2003 ai 2600 del 2005. Paradossalmente ma non troppo, più si dichiarano e sembrano «sociali» – le preoccupazioni degli esponenti che si sono battuti per ripristinare verso l'alto le 5 aliquote IRPEF con la finanziaria 2007 – più in realtà sono conniventi con l'elevatissima evasione attuale, connessa alle alte aliquote «formali».

Nel concerto prevalente dei no ci sono – bisogna riconoscerlo, se si è onesti intellettualmente – anche ragioni «sistemiche», oltre a quelle della polemica politica. Come quelle suggestivamente messe a fuoco in uno studio a firma di Vincenzo Atella, del dipartimento di Economia di Tor Vergata, di Federico Perali, dell'Università di Verona, e di Jay Coggins, della Minnesota University. Hanno studiato *Andamenti e ragioni dell'avversione all'ineguaglianza nella società italiana*, questo il titolo del loro paper, concentrandosi sui dati tra il 1985 e il 1996. L'avversione all'ineguaglianza è in Italia tra le più elevate di tutti i Paesi occidentali, e varia naturalmente in ragione di molte condizioni, a partire dal reddito disponibile delle famiglie. Gli autori evidenziano come l'aggiustamento fiscale compiuto quasi integralmente sul versante del maggior prelievo, in vista dell'ingresso nell'euro, abbia sostanzialmente modificato il reddito disponibile, abbattendone la quota da lavoro rispetto ad altre fonti, e limandone sostanzialmente nella componente finanziaria quella in precedenza assicurata dagli alti tassi d'interesse praticati sui titoli del debito pubblico. Quanto maggiori sono le compressioni del reddito disponibile, tanto più si accentuano l'avversione all'ineguaglianza e la richiesta di politiche di intervento pubblico di tipo egualitario. Il paradosso è che grazie alla sinistra che ha alzato le tasse, molti italiani temono il loro abbattimento perché pensano che le diseguaglianze si accrescerebbero ulteriormente. È lo statalismo, da sempre, il miglior sfamatore di se stesso. Ma c'è un ma. I dubbiosi sui tagli dovrebbero osservare un dato del 1996, l'ultimo anno studiato dai ricercatori. È quello in cui la polarizzazione eguaglianza-diseguaglianza si accentua di più tra gli italiani. Non a caso, come riconoscono gli stessi autori, in presenza di una importante occasione elettorale col sistema maggioritario. La politica può correggere e vincere timori e fallaci aspettative, se solo ha voglia e coraggio di farlo.

Progressività ed emergenzialismo

I numeri, si sa, sono noiosi, e quelli del fisco per antonomasia. Ma bisogna avere la testa dura di insistere, visto che l'abbattimento delle aliquote per tutti e non le riduzioni a soggetti discrezionalmente identificati dal governo è «il» tema principe per chi ha come obiettivo la riduzione della pressione. Chi qui scrive ha compiuto un'interessante simulazione nel 2004, quando ferveva il dibattito nella Casa delle libertà tra il sì e il no ai tagli fiscali. Ha ripreso in mano la riforma fiscale che introdusse l'IRPEF nel 1974, realizzando il trionfo del totem pseudo-giustizialista che risponde al nome di «progressività del prelievo» (dice: ma c'è scritto in Costituzione, all'articolo 53! certo, tranne che affermarla è niente e graduarla è tutto, visto che più è accentuata più si crea evasione di massa: con un'elevata soglia di *no tax area* nella quale comprendere sino a 18.000 euro annui, la casa, la famiglia, il No Profit e la vecchiaia; un'aliquota basica del 23% sui redditi fino a 100.000 euro e piccola impresa e una del 33% solo oltre i 100.000 euro di reddito delle persone fisiche, il sistema resta progressivo attraverso il gioco delle deduzioni d'imponibile, assai meglio che con le reintrodotte dall'attuale governo detrazioni d'imposta che comportano un effetto regressivo, come si vede per le addizionali locali disposte nella finanziaria 2007). Ebbene la da tanti rimpianta riforma del '74 introduceva ben 32 aliquote, che andavano dal 10 al 72% di prelievo sul reddito, su scaglioni dai 2 ai 500 milioni di lire. Il paradosso? Ad attualizzare in euro persino quei 32 cervellotici scaglioni, emergono scoperte singolari. Nel regime iperprogressivo di 34 anni fa, un reddito attuale di 21.000 euro avrebbe pagato allora l'11,8% di imposta, oggi ancora ne paga oltre il doppio. Il bello viene per i «ricchi». Un reddito attuale di 600.000 euro avrebbe pagato ai tempi iperprogressivi il 42,3% d'imposta. Oggi, di più.

Per questo continuerà a essere un obiettivo valido, l'aliquota massima non oltre il 33% ai 100.000 euro di reddito. Berlusconi ha sbagliato quando ha dichiarato prima delle ultime politiche, cercando di difendersi per la mancata attuazione della riforma promessa, «non voglio in alcun modo si dica che intendo privilegiare le classi con redditi maggiori, perché non è vero». Ciò che non è vero bisogna avere coraggio, forza e coerenza di combatterlo fino a levargli diritto di cittadinanza tra gli argomenti citabili. Sostenere che l'accusa di classismo al taglio delle aliquote marginali è falsa nel mentre le ci si arrende, implica riconoscere che lo sia, assolutamente vera. Se è falsa, allora bisogna battersi. Le aliquote più alte vanno abbattute proprio per dare al valore costituzionale della progressività un esito opposto a quello filo-elusione sin qui ottenuto dal giustizialismo fiscale ammantato alla Robin Hood. Abbattendo le aliquote alte si estende fortissimamente la base imponibile, è avvenuto in tutti i Paesi dove ciò è stato fatto con coraggio, e così facendo la residua progressività diventa molto più «reale» di quella ipotetica di un Paese come il nostro, dove viviamo nell'assoluta ipocrisia che meno di un italiano su cento abbia un reddito superiore ai 70.000 euro l'anno. Portando l'aliquota del 33% solo oltre i 100.000 euro di reddito si ottiene che la bassa progressività delle aliquote sui redditi medi e bassi sia sostanzialmente integrata dalla progressività delle deduzioni, che anche nella versione originale tremontiana era previsto sparissero nello scaglione più elevato.

Per chi lo avesse dimenticato – tanti, anche nel centrodestra –, ecco quanto affermava la relazione d'accompagnamento al disegno di legge delega di riforma fiscale, approvato dal Consiglio dei ministri il 20 dicembre 2001:

> La sfiducia in una progressività formale molto articolata sulle classi medie è condivisa da tutta la grande tradizione italiana di scienza delle finanze (Antonio De Viti De Marco, Luigi Einaudi, Ezio Vanoni, Sergio Steve), che contempera il principio della capacità contributiva con il principio del beneficio. In specie, con il principio secondo cui l'imposizione deve rendere al massimo l'idea della «Cosa Amministrata» che va a finanziare. Risultato che si ottiene solo se la capacità contributiva e la progressività dell'imposizione mirano alla «giustizia grossa», non alla redistribuzione millimetrica tra redditi seguendo la via della matematica finanziaria alla giu-

stizia. Non ha senso l'obiezione demagogica secondo cui l'aliquota del 33% sarebbe troppo bassa favorendo «i ricchi». A parte che l'idea di un'aliquota unica e molto bassa ha trovato sostegno anche in un documento del 1999 della Curia di Milano, basta leggere le dichiarazioni annuali dei redditi per prendere atto del fatto che «i ricchi non sono più qui», perché i redditi più affluenti hanno natura diversa dai redditi oggi sottoposti all'IRPEF. La nuova struttura dell'IRPEF mira, nella riduzione e semplificazione drastica delle aliquote, a un nuovo rapporto tra fiscalità e libertà. In linea con il recente decisum della Corte costituzionale tedesca, secondo cui il reddito deve essere tutelato come strumento per la libertà personale, e il «risparmio fiscale» viene prima dell'assistenza sociale, perché le risorse «ricevute» dallo Stato non comunicano lo stesso grado di libertà nell'uso delle risorse autonomamente guadagnate.

Parole auree. Inattuate, ma da riprendere e rilanciare, quand'anche non fosse Berlusconi a farlo, ma qualcuno di parte avversa.

Nel partito del no, sempre più forte nell'ultimo biennio berlusconiano prima delle elezioni 2006, ha pesato molto l'argomento portato dal partito «emergenzialista». Mario Monti, per esempio, con tutta l'autorevolezza sua e del «Corriere della Sera», ha spesso sostenuto che i tagli alle tasse non possono andare senza accompagnarsi a decise liberalizzazioni. Ma in Italia, è proprio così? O non è piuttosto vero che proprio la presa asfissiante dei grandi interessi – dell'impresa per contributi a pioggia, o dei sindacati per contratti centralizzati – è stata sin qui vittoriosa nel bloccare le liberalizzazioni, tanto sotto la sinistra che con la destra? È solo abbassando l'intermediazione pubblica sul reddito nazionale – sì, «affamando la bestia» per usare un'altra espressione forte che è parola d'ordine dei libertarian americani, abbattendo il prelievo come vogliono gli offertisti alla Arthur Laffer – che alla fine si è obbligati a fare delle scelte. A destinare del meno che resta il più ad ammortizzatori sociali e assistenza, e meno alla previdenza pubblica e non basata sulla rendita costruita attraverso risparmio privato. Al sostegno mirato alle imprese in cambio di maggior produttività, non più agli incentivi a pioggia. Al venire meno del sussidio garantito attraverso tutte le logiche di concessione a numero chiuso, come avviene per le professioni. Nella realtà italiana, è l'abbattimento del prelievo il prius, dopo il quale la grande alleanza corporativa si spacca, e le liberalizzazioni diventano meno improbe. Altrimenti, gli interessi saranno lesti ogni volta a metter sotto scacco la politica, a proclamare periodici ritorni all'emergenza e all'union sacrée, come puntualmente avviene anche oggi, dopo le rituali «lenzuolate» di Pierluigi Bersani. L'emergenzialismo italiano chiede, in nome di un preteso rigore, stangate e stangatine che paga il singolo contribuente. Ma vuole insieme – non il professor Monti naturalmente, ma il 90% di chi strumentalmente ne loda la prudenza sui tagli fiscali – l'intangibilità della spesa pubblica. Quando si sono lette tante volte persone serie come Massimo Riva attaccare a testa bassa chi parla «compulsivamente» di abbattere le tasse, c'è da chiedersi se l'odio di parte politica valga davvero la pena di una difesa, davvero sì «compulsiva», di tutto ciò che rende l'Italia lenta, tardigrada e asfittica.

E c'è ancora di più nella resistenza italiana al taglio alle imposte, è la caratteristica sistemica del modello politico-istituzionale italiano. Negli ultimi dieci anni, un intero filone di ricerca si è attivato proprio nello studio matematico ed empirico delle costanti che legano sistemi elettorali, propensione alla spesa e ai trasferimenti pubblici, e di conseguenza a maggiori prelievi fiscali. Ne cito due soli, non solo perché sono quelli cui fa riferimento la maggior parte del confronto teorico più recente, ma anche perché si devono a economisti italiani. Il primo ha per titolo *Come i sistemi elettorali condizionano le strutture di partito e di coalizione e le politiche economiche*. È stato più volte aggiornato negli anni, e porta la firma di Guido Tabellini dell'IGIER-Bocconi, di Torsten Persson dell'Università di Stoccolma, e di Gerard Roland del Dipartimento di Economia di Berkeley, California. Prima attraverso la simulazione della massimizzazione della funzione d'interesse elettorale che spinge i partiti a fondersi oppure a concorrere formando insieme governi di coalizione, poi passando alla simulazione degli effetti su spesa pubblica e trasferimenti a seconda dei modelli coalizionali in un sistema maggioritario o proporzionale, e infine mettendo a raffronto le evidenze teoriche con i dati storici raccolti negli ultimi quaranta anni in quaranta democrazie parlamentari di tutto il mondo, la conclusione dei tre autori è che il sistema proporzionale sia coessenziale a maggiori spese e imposte, esattamente come anche nel maggioritario i governi di coalizione portano a maggiori spese e imposte rispetto a quelli monopartitici, propri della democrazia anglosassone.

Vanno ancora più a fondo le successive edizioni di uno studio altrettanto corposo, *Regole elettorali e spesa pubblica*, realizzato da Gian Maria Milesi-Ferretti del FMI, Roberto Perotti del Dipartimento di economia della Columbia University, e Massimo Rostagno della Banca centrale europea. Anche qui sulla doppia scorta di una robusta base teorica, confrontata con le serie storiche di un vastissimo numero di Paesi, si mettono a raffronto sistema maggioritario e proporzionale. E l'evidenza è che nei sistemi proporzionali i partiti vengono incoraggiati dall'elettorato ad accrescere sul totale della spesa pubblica i trasferimenti – nella lotta per assicurarsi le diverse *constituencies* sociali – rispetto alla spesa in beni pubblici primari. E che in ogni caso il proporzionale porta a maggior spesa pubblica primaria al crescere della spesa in trasferimenti. Uno degli aspetti più sinistramente divertenti, in entrambi gli studi, è notare quanto i dati siano confermati dall'Italia proporzionale degli anni Ottanta. È questo ciò che spesso rimpiangono gli obiettori all'abbattimento fiscale. Siano all'opposizione. O nella maggioranza. Tanto sotto Berlusconi che sotto Prodi.

II

Perché in Italia è così difficile

Il fisco non è cosa per aridi contabili, ha a che vedere con la filosofia, coi fondamenti della libertà individuale. Non è un caso che i Padri Fondatori della democrazia americana avessero escluso dalla Costituzione americana l'imposizione sui redditi, che Thomas Jefferson si producesse in arringhe contro «la tassazione diretta della ricchezza, che ha segnato il declino di ogni grande esperienza statale nella storia, alzando il prelievo progressivamente al declino che avanzava». Si dovettero aspettare centosettantaquattro anni, e il sedicesimo emendamento alla Costituzione approvato nel 1913, per introdurre negli Stati Uniti la tassazione progressiva dei redditi. L'attuale amministrazione ha ripreso con energia la strada dei massicci tagli fiscali sulla scorta di quelli di Ronald Reagan, John Kennedy e Calvin Coolidge. Gli effetti ci sono stati, nel rafforzare la ripresa americana, con la puntuale conferma che abbassando radicalmente le aliquote, come abbiamo visto, i ricchi pagano di più. Eppure, c'è chi non è contento. E propone una rivoluzione più radicale. Definitiva. Il ritorno ai Padri Fondatori. L'abolizione, in tutto e per tutto, dell'imposta sui redditi. Chi in Italia e in Europa è convinto che il nostro sistema di alte aliquote sia «più giusto», farà bene a riflettere su quanto scriveva nel 2005 Olaf Gersemann, nel suo *Cowboy Capitalism*:

> Due anni fa, prima che il loro contributo si alzasse ulteriormente per via dei tagli voluti da Bush, il 10% di contribuenti più ricchi americani assicurava il 65% del totale dell'imposta raccolta. In Germania, al contrario, con aliquote marginali più elevate di un quarto, lo stesso 10% di più ricchi finanzia solo il 48% del monte imposte. Al contrario, il 50% dei contribuenti tedeschi il cui reddito è inferiore alla media garantisce il 9% dell'imposta raccolta in Germania. Negli USA, accusati di sperequazione sociale, la stessa categoria di contribuenti versa solo il 4% del monte impositivo.

Ho l'impressione che in Italia si farebbe molto bene a riflettere approfonditamente su tali evidenze. So bene che a sinistra i più dissentono da tale tesi, che non ci si ritrovano nelle parole di Benjamin Franklin, «sono per azioni mirate a ridurre la povertà, ma dissento sui mezzi: penso la cosa migliore da farsi per i poveri non sia rendere loro intanto la vita più agevole in povertà, ma spingerli a uscirne guadagnando». Nel resto del mondo è stata la destra, più capace di applicare la regola «voglio stare dalla vostra parte, ma non starvi sulla schiena con le tasse». Però il problema centrale degli abbattimenti fiscali sta proprio nella distinzione tra gli scopi perseguiti: se si punti alla crescita, o se alla redistribuzione. Mi limito allora a due modeste proposte. Ancora un paper di due economisti, Pascalis Raimonds-Moller che insegna alla Copenhagen Business School, e Alan Woodland dell'Università di Sydney. Il titolo dà l'idea: *Measuring Tax Efficiency. A Tax Optimality Index*. Proprio così, i due partono dalle definizioni classiche dell'eccesso d'imposta rispetto all'effetto ottimale sull'offerta di servizio pubblico in un sistema di equilibrio (per gli interessati ad approfondire, una delle migliori definizioni sta nel primo volume del manuale di Martin Feldstein e A. Auerbach, *Handbook of Public Economy*) e calcolano un indice ottimale dell'imposta sulla produzione e consumo di beni e servizi in un Paese di mercato aperto. L'indice varia da 0 a 1, e si avvicina all'unità quanto più l'imposta raccolta si avvicina alle risorse realmente necessarie per un'offerta di beni pubblici efficiente. Un'applicazione all'Italia del modellino ottiene nei diversi casi d'imposta italiana attuale indici tra 0,65 e 0,69. In pratica, siamo lontani ancora di un buon terzo dall'ottimale.

Parlare seriamente delle aliquote in base ai numeri invece che agli slogan, agli effetti concreti di crescita da incentivare, e soprattutto della riforma del Welfare da connettervi, è davvero pretendere troppo? A prevalere da noi è invece il partito dell'intangibilità di una spesa pubblica che assorbe quasi metà del PIL. Quelli il cui sport è bandire i tagli fiscali «per soli ricchi»: negli USA, per esempio, quanto a imposizione sulla famiglia, è il contribuente a scegliere tra tassazione distinta dei redditi individuali dei componenti, cumulo del reddito dei coniugi con quoziente familiare, o imposizione sul solo capofamiglia. Noi ci riempiamo la bocca di una nostra presunta superiore equità, ma siamo fermi – con Prodi – all'imposizione individuale con le sole detrazioni al capofamiglia per coniuge e figli. Che il governo attuale ha ritoccato verso l'alto, d'accordo: ma è il sistema in quanto tale adottato da noi, che resta penalizzante nei confronti della famiglia, e così sarà sinché non si procede verso un'unica aliquota fino ai 100.000 euro, contestualizzata con un'applicazione a tappe anche da noi del quoziente familiare, che l'ISAE due anni fa ha «cifrato» in oltre 40 miliardi di euro di gettito in meno. Cosa improponibile anch'essa, hanno osservato in molti, i soliti rigoristi del deficit contenuto solo a gettito invariato o accresciuto: quando, al contrario, è solo la vasta emersione di gettito determinata da una drastica diminuzione delle aliquote, quella che appunto può consentire il passaggio al quoziente familiare. È la miopia conservatrice dei tassatori a oltranza a impedire le vere riforme fiscali dalle quali possa «respirare» il polmone profondo della società italiana.

Un «Paese normale» si misura anche sulla normale rappresentanza degli interessi. L'Italia ha la sua buona quota di lobby, un numero elevatissimo di partiti, gruppi e gruppuscoli di pressione, un reticolato di ordini e corporazioni capaci come nessuno di chiudersi a riccio su qualsiasi scenario di riforma. C'è tuttavia una realtà che manca all'appello. Sono i contribuenti, magma eterogeneo, in teoria montagna imponente in termini di consenso potenziale, ma capaci al massimo, in questi anni, di partorire una lunga sfilza di topolini. All'inizio fu la Lega, che cominciò a rastrellare voti nelle valli lombarde con uno slogan di ringhiosa limpidezza: basta Roma, basta tasse. Poi la rincorsa al «popolo dei produttori», in un certo senso culminata nell'esperienza primigenia di Forza Italia, con Berlusconi che s'arma di diritto naturale contro il fisco arrogante e promette una vigorosa potatura delle imposte. Come sia andata sul fisco una volta al governo, abbiamo visto. Il breve e sfortunato catalogo di tentativi non ha prodotto se non un solo parzialissimo sdoganamento, nel recinto della cultura dominante, di posizioni improntate alla morigeratezza anziché alla bulimia fiscale. Nell'ultimo anno e mezzo di governo Berlusconi, quando per l'Unione è tornato in campo Romano Prodi, era sempre più evidente che la Seconda Repubblica italiana trascorreva senza che al contribuente fosse dato di trovare rappresentanza adeguata.

Eppure, qualche segno aggiuntivo c'era stato. Un segmento di elettorato antistatalista aveva cercato disperatamente nuova voce, con l'8,5% che premiò inaspettatamente Emma Bonino alle europee del 1999, su uno spartito liberista. Il 4-5% che continua ostinatamente a votare Lega, elezione dopo elezione, chiede meno tasse. Lo stesso vale per il più largo bacino di elettori di Forza Italia, insofferenti a una sinistra le cui sorti sono (anche) quelle di Rifondazione, prima ancora che liberista per convinzione e vocazione: e il risultato si è visto, nella grandissima e riuscita manifestazione antitasse che il centrodestra ha organizzato a Roma lo scorso 2 dicembre, contro la finanziaria tuttatasse del governo Prodi.

Dall'altra, però, bisogna anche constatare che forse la miglior risposta al problema della rappresentanza delle istanze dei contribuenti non può trovarsi nel mutevole vento della politica. Andrebbe cercata all'infuori di esso, con formule e strumenti innovativi. Nel mondo, i contribuenti, come qualsiasi altra aggregazione sociale dai pur vaghi contorni, si riuniscono in associazioni proprie, si contano per contare «sui» partiti e «nei» partiti, a prescindere da loro, per condizionarli e non per esserne macchine di consenso al traino. In Francia, e diciamo in Francia, cioè nel tradizionale bastione della più solida cultura statalista, *Contribuables Associés* ha circa centoquarantamila soci. Negli Stati Uniti, uno dei poteri più rilevanti di Washington DC è quello stretto nelle mani di Grover Norquist, una delle intelligenze più lucide che passeggi sulle rive del Potomac, fondatore e deus ex machina della *Americans for Tax Reform*. Norquist ha cominciato con pochi soldi e tanto entusiasmo. Ora la sua forza contrattuale è tale da riuscire ad impegnare i neoeletti governatori repubblicani a non aumentare di un centesimo il prelievo fiscale, e quando le promesse vengono rotte sa scatenare una tempesta politica che non risparmia i compagni di trincea.

Ogni tentativo di organizzare qualcosa di simile in Europa e da noi è pressoché sempre fallito. Fu annunciata due anni fa la nascita degli *Europeans for Tax Reform*, che dichiaravano di mirare a un carico fiscale complessivo al 40% massimo del PIL negli Stati dell'Unione. L'obiettivo non appariva poi tanto ambizioso, come si conviene a gente maturata nei salotti del politicamente possibile vicini al PPE, ma se n'è persa ogni traccia. E in Italia? Un tempo c'era la Life, assemblea degli imprenditori del Nord-Est che tentò di far sentire la propria voce, ma non seppe riuscire a scampare al gioco delle appartenenze di partito. Oggi? La bandiera è stata impugnata da Vittoria Michela Brambilla, presidente dei giovani di Confcommercio, e dai suoi Circoli per la libertà. Ma, in generale, in Italia non c'è stato un imprenditore della politica che abbia avuto l'ansia di battere le province per conquistare membership, con la visione di un movimento organico e strutturato messo al servizio di un solo obiettivo: tagliare le unghie al fisco, e pronto a dialogare con chi a destra, a sinistra, nei media, nell'università, persino nella burocrazia abbia orecchie per intendere. Nessun contribuente da qualche centinaio di migliaia di euro all'anno che abbia avuto legittimamente voglia di pagare di meno anche lui ma per far emergere gettito nel complesso, che abbia saputo imbarcarsi in un'avventura di questo genere, anziché trastullarsi con l'amaro calice offertogli dal proprio commercialista. Siamo davvero a tal punto Terzo mondo economico e culturale? Il dramma è che a questa situazione fa da sponda la mancanza di una consapevolezza culturale forte: che non c'è solo un obiettivo di crescita economica, nel taglio delle imposte. Quale è il punto di partenza dei Norquist di questo mondo, eredi intellettuali del Boston Tea Party da cui nacque la rivolta delle Tredici Colonie americane contro Sua Maestà britannica?

La deriva della sinistra

Eppure anche a sinistra teste non poco lucide si sono confrontate direttamente con la sfida del «meno tasse». Nell'aprile del 2005, per esempio, un prodiano di sicura fede come Paolo Onofri provò a gettare un seme di saggezza nel dibattito fiscale italiano. In una relazione inviata a Romano Prodi sui problemi che attendevano l'Ulivo in materia d'imposte in caso di vittoria elettorale, lo invitava innanzitutto a guardarsi dall'errore di voler smantellare tutto ciò che il governo Berlusconi e Tremonti avevano fatto, perché al contrario l'accettazione sostanziale del sistema fiscale che il centrosinistra si sarebbe trovato a ereditare doveva essere considerata giusta premessa, per non turbare oltre le allora ancora depresse aspettative economiche degli italiani. Era una posizione diversa e molto apprezzabile, rispetto alle nostalgie «prelieviste» che hanno animato per cinque anni le posizioni dell'ala Visco-Pennacchi tra i DS. Ma è stato inutile illudersi. La sconfitta clamorosa incassata dalla Casa delle libertà alle regionali del 2005, con la difesa riuscita solo di Lombardia e Veneto, rivelò ancora una volta innanzitutto la debole convinzione e la malcerta strategia di chi era stato eletto proprio sull'impegno di abbattere molto consistentemente il prelievo. Da allora, il centrosinistra ha imboccato con crescente decisione la strada dell'innalzamento fiscale. Da sgravi troppo a lungo rinviati e senza far decadere né l'aliquota IRPEF del 39% né l'ulteriore contributo di solidarietà previsto per la soglia ulteriormente superiore, da anni di contenimenti fiscali in dosi troppo omeopatiche e con mille persistenti obiezioni, sull'economia italiana e nella vita sensibile delle famiglie italiane è mancato l'«effetto percepito» – negli anni del governo Berlusconi tutta l'economia italiana si è rimodulata secondo indici di percezione invece che aggregati rilevati, dall'inflazione al reddito disponibile delle famiglie, con un fiorire di polemiche sull'impoverimento dei ceti medi che non trovava alcun riscontro nelle serie storiche dell'indagine periodica effettuata da Bankitalia su patrimoni e appunto redditi delle famiglie italiane. Ma tant'è. L'abbassamento delle aliquote in quanto tale non apparve più una priorità a strati molto estesi del centrodestra. All'ultima finanziaria, richiamato in fretta e furia Giulio Tremonti dopo un problematico anno e mezzo di gestione dell'economia da parte di Domenico Siniscalco, sotto il quale i partiti riottosi della maggioranza trovavano assai meno impervi ostacoli all'espansione della spesa e col rischio davvero di un deficit pubblico che s'innalzasse a fine legislatura oltre la soglia del 5% del PIL, il centrodestra si ridusse alla bell'e meglio a un secondo e non decisivo modulo di riforma IRPEF, e allo sgravio di un punto percentuale di IRAP. Eppure, l'Italia si presentava alla fine della scorsa legislatura con una pressione fiscale di 11 punti superiore a quella dell'Irlanda, e di 7 maggiore rispetto a Spagna e Gran Bretagna, e con i Paesi dell'Unione nuovi entranti da Est che adottano *flat tax*, aliquote uniche che di Paese in Paese variano tra il 13 e il 26%.

Negli Stati Uniti, negli stessi mesi in cui l'obiettivo del taglio alle imposte declinava in Italia e iniziava a esser contrastato con crescente vigore anche dai democratici nel Congresso americano, a differenza che da noi i cittadini mostravano seri segnali d'insofferenza. A un sondaggio compiuto da Bankrate.com, il 13%, di fronte alla domanda se provasse a eludere o evadere il fisco, dichiarava addirittura di rifiutarsi di usare verbi simili, perché difendersi dalle pretese dello Stato è un sacrosanto diritto e loro lo esercitavano integralmente nella misura massima in cui vi riuscivano. Alla domanda su quanti fossero a loro giudizio i cittadini americani che si comportavano allo stesso modo, dichiaravano senza esitazione che a loro giudizio erano almeno la metà. Ecco spiegata la vera ragione dei 300 miliardi di dollari che a giudizio dell'Internal Revenue Service americano mancano ogni anno all'appello, tra imposte effettivamente pagate e quelle teoricamente dovute. Sono più o meno tre punti percentuali di PIL americano, più dell'intero deficit federale annuo attuale, non bazzecole, a testimonianza che l'evasione fiscale non è prerogativa solo italiana. Il 77% degli americani resta convinto, dopo le minori imposte di Bush, che il *Tax Code* andrebbe semplificato dalle fondamenta e rigirato come un calzino, e che le imposte dovrebbero diminuire in maniera «significativa» o «molto significativa». Man mano che la crisi di credibilità e di popolarità dell'amministrazione Bush è aumentata per effetto della guerra in Iraq, è cresciuta anche la disillusione dell'elettorato e dei contribuenti verso le proposte di una ancor più radicale riforma fiscale, dopo gli sgravi deliberati nel 2001 e 2003. È sfociata praticamente nel nulla la commissione di nove esperti bipartisan insediata nel 2005 dal presidente Bush, e guidata dagli ex senatori Connie Mack e John Breaux. Un anno dopo ha avanzato a grandi linee due piani alternativi, una semplificazione dell'imposizione su tutti i redditi, e un progetto più ambizioso mirante a introdurre alla base del sistema un'imposta sui consumi. Impossibile in poche righe affrontare tutti i temi e le conseguenze connesse alle alternative. Il segnale dei tempi è che i nove esperti mirino certo a una notevole e sempre benedetta semplificazione del sistema, visto che in entrambi i casi abbatterebbero la molteplicità di complesse deduzioni oggi vigenti. Ma si sono tenuti molto prudenti sulle riduzioni delle aliquote. Niente riduzione del prelievo sul reddito d'impresa al 25%, né semplificazione su due aliquote dell'imposizione sul reddito personale, 15 e 25%, come vorrebbero gli ammiratori di Steve Forbes.

Tutti segnali che concorsero a rafforzare, da noi, man mano che si sono avvicinate le elezioni politiche del 2006, la diffusione di un'ondata di rassegnazione contraria, portando ad abbracciare la tesi secondo cui invece l'Italia non poteva sottrarsi a un ulteriore innalzamento del prelievo. Aiutò anche il capitombolo che per poco non è costato il cancellierato a Frau Merkel in Germania. Il leader moderato della CDU-CSU in campagna elettorale propose di abbassare le aliquote marginali tanto sui redditi delle persone fisiche che sulle imprese, ma quando si riservò, se l'economia fosse ripresa, di imboccare anche la via più energica della *flat tax* cara all'economista liberista Paul Kirchof, cadde verticalmente nei sondaggi e dovette disconoscere l'obiettivo. Il centrosinistra italiano imboccò una direzione diversa rispetto persino a quella della Svezia, il

Paese sviluppato al mondo con il prelievo storicamente più elevato su persone fisiche e imprese, che annunciava con la finanziaria per il 2006 riduzioni fiscali sui redditi delle persone fisiche pari a 800 milioni di euro, e un abbassamento del 40% del fin allora onerosissimo prelievo sulle bevande alcoliche. Proprio l'alta imposizione svedese ha sempre costituito l'argomento ricorrente di chi si batte per alte tasse in cambio di buoni servizi pubblici. Ma il governo socialdemocratico allora in carica, in vista delle elezioni e con l'impegno a far scendere la disoccupazione dal 7 al 4%, comprese che anche la Svezia doveva ritoccare al ribasso le imposte. Troppo tardi e troppo poco. Nel settembre 2006 l'elettorato svedese ha punito i socialdemocratici di Goran Persson, al potere da ben 65 anni negli ultimi 74 anni di storia nazionale, attribuendo una vittoria storica alla coalizione di centrodestra guidata da Frederik Reinfeldt: proprio in ragione del più energico programma di riduzione delle imposte. Da noi, negli stessi mesi il «Sole 24 Ore», quotidiano di Confindustria, animava una campagna secondo la quale l'aliquota unica sul reddito delle persone fisiche è roba da Paesi ex comunisti, mentre da noi sarebbe vietata dal già richiamato criterio della progressività del prelievo fissata dall'articolo 53 della Costituzione. Un criterio che da noi vale al parossismo per le persone fisiche e che non sarebbe affatto contraddetto – come abbiamo spiegato – dalla *flat tax*, ma che soprattutto non vale affatto per le imprese, come vedremo più avanti. Ma certo è singolare un Paese in cui nemmeno l'organo delle imprese si batte per meno imposte.

Uno dei pochi a levare una voce chiara, a sinistra, è stato il professor Nicola Rossi. Nel settembre 2005, ad esempio, una sua intervista al «Corriere della Sera» per quattro colonne tentò di spiegare che la *flat tax* non è affatto quel mostro caro solo alle belve liberiste della destra – come il giornalista di via Solferino continuava a chiedergli fino alla fine, facendosi rimbalzare le risposte del professore. Nicola Rossi in questa legislatura ha finito poi per pagare amaramente il prezzo delle sue coraggiose prese di posizione, che nascono da un'attenzione vera ai numeri e ai fenomeni economici prima che alla propaganda, e che non autorizzano nessuno a mettere in dubbio il fatto che egli continui a perseguire l'idea di un sistema redistributivo di sinistra riformista, ma fondato sulla necessità di crescere di più e non sulla maggiore oppressione fiscale. Del resto quasi l'intera pattuglia dei *liberal* DS più filomercatisti, da Nicola Rossi a Franco Debenedetti a Lanfranco Turci, a Mauro Agostini ha pagato l'amaro prezzo di essere «scaricata» dal proprio partito, in questa legislatura, nata e avviata sotto il segno dello Stato tassatore. Rossi aveva – tra i tanti – il torto di riconoscere che la progressività che la Costituzione italiana afferma è una caratteristica del sistema del prelievo fiscale nel suo complesso, non deve esserlo di ogni singolo aspetto di un'imposta: dunque l'aliquota unica proporzionale è perfettamente costituzionale, se l'elemento della progressività viene poi modulato con deduzioni e detrazioni *mean tested*. Dunque la *flat tax* non è né di destra né di sinistra, continuava a ragione Nicola Rossi, è solo uno strumento efficace per stimolare crescita e semplificazione. Piuttosto, a restare più di destra – «offertiste», tra cui si colloca chi qui scrive – o più di sinistra – «redistributive», dove si collocano i liberal di sinistra come Nicola Rossi – sono le diverse possibili articolazioni delle deduzioni e detrazioni su cui incardinare l'aliquota unica. Che avrebbe il pregio in ogni caso di obbligare a una rimodulazione complessiva delle risorse che oggi passano per il bilancio dello Stato, proprio come diceva l'inascoltato Rossi: in ciò sfidando dunque l'abdicazione al riformismo sottesa in tanti sostenitori a sinistra del rialzo dell'imposizione, come fosse l'unico metodo per fare quadrare i conti del Patto di stabilità europeo.

Al contrario, quando nel 2006 gli elettori tedeschi hanno poi determinato la situazione di stallo di cui è figlio il governo di coalizione Merkel, da noi si levarono brindisi e spumanti al nuovo passo in avanti verso l'innalzamento del prelievo. Con la finanziaria 2006, che Tremonti richiamato al governo dovette scrivere in tre tappe e alla bell'e meglio, dopo un anno e mezzo di disinvolta disattenzione del suo predecessore, un obbligato senso di responsabilità per i saldi da garantire aveva impedito ogni margine di riduzione del prelievo fiscale. Quanto alla nascita della *Grosse Koalition* germanica che tanti entusiasmi suscitò in chi – a ragione – prediceva il quasi-stallo anche alle elezioni 2007 italiane, che un risultato paralizzante possa essere interpretato da classi dirigenti mature come il mandato a due anni di riforme a responsabilità condivisa, è certamente in teoria un segno di maggior serietà rispetto alla nostra persistente delegittimazione tribale, tra i due poli politici contrapposti. Detto questo, però, l'intesa del governo Merkel vale per quel che riporta di scritto, non per il solo fatto di essere firmata. In materia fiscale, quell'accordo non è figlio delle parti più coraggiose della SPD e della CDU-CSU, quelle punite dagli elettori perché entrambe – rispetto alle diverse tradizioni ed elettorati – proponevano le riforme più coraggiose e mercatiste. Al contrario, a prevalere sono state le rispettive impostazioni più conservative: di conseguenza l'accordo finanziario è stato volto a far salire di tre punti percentuali l'imposizione indiretta, e di tre l'aliquota marginale sui redditi delle persone fisiche. Ancora più Stato nell'economia, questo il risultato a cui porta la continua rincorsa del 3% di deficit in assenza di riforme di mercato e liberalizzazioni. Al calo dell'imposta sulle imprese siamo arrivati solo ora, ma nel 2006 il centrosinistra italiano fece immediatamente capire che si sarebbe prontamente allineato all'impostazione germanica, in caso di vittoria elettorale, con la giustificazione aggiuntiva di un gravissimo buco ereditato nei conti, come ogni giorno si ripeteva verso il governo Berlusconi.

Tutto andava e va in direzione esattamente opposta rispetto a ciò di cui Germania e Italia abbisognerebbero, per recuperare crescita e reddito disponibile. Per avere un'idea efficace e documentata, si leggano per esempio le cento limpide pagine scritte da Wilfried Prewo, presidente della Camera di commercio di Hannover. Il suo libro s'intitola *Oltre lo Stato assistenziale*, è pubblicato anche in Italia. È una valida confutazione dei pannicelli caldi ai quali porta ogni strada basata sul maggior prelievo. La crisi del modello sia bismarckiano che beveridgiano del Welfare europeo è irreversibile. Nessuna prospettiva economica del mercato globalizzato rende sostenibile nel medio periodo un sistema che grava tra il 35 e il 50% del costo del lavoro per prestazioni garantite dallo Stato, stante il fatto che le classi demografiche sul cui lavoro graverà saranno sempre più ristrette, rispetto a quelle dei beneficiari, invece sempre più ampie. Di conseguenza, Prewo propone la sostituzione agli attuali sistemi di un unico Conto di Risparmio Previdenziale, al quale datori di lavoro, lavoratori e Stato devolvono inizialmente ciascuno la propria quota parte e i versamenti storici effettuati per ciascun lavoratore, per passare poi a una gestione del conto stesso di cui è il singolo l'unico responsabile, con la piena libertà di dosare premi e prestazioni sulla personale quota di rischio. Ciò per affrontare tanto congedi di malattia, quanto assistenza sanitaria, disoccupazione e pensioni. Solidarietà tra persone al posto della solidarietà statale, e maggiori rendimenti dei premi annuali, in quanto garantiti dalla maggior profittabilità dei mercati finanziari rispetto ai rendimenti dei capitali pubblici. Senza riforme tanto radicali, il prelievo nell'Europa continentale non si abbassa e la crescita stenta: e questa purtroppo è stata la lezione anche del quinquennio berlusconiano in Italia.

Il nostro Paese in una prospettiva comparata versa in condizioni ancora più gravi, se si pensa al disincentivo demografico che il nostro sistema fiscale esercita. Per averne un'idea spietatamente precisa, consiglio di leggere il paper *Family and Personal Income Tax in Europe: How the Fiscal Framework Takes Account of Marriage and Children*. Ne sono autori due economisti italiani, Giacomo Boesso e Achille Vernizzi, e un polacco, Marek Kosny. Sono solo venticinque cartelle, più dieci di tabelle e grafici. Ogni politico italiano, sia di destra sia di sinistra, dovrebbe leggersele attentamente. Cominciando dall'ultima, quella in cui – computando i diversi modelli d'imposizione oggi vigenti in Europa, tra imposizione solo singolare come da noi, *splitting* coniugale e vero quoziente familiare, oltre al diverso regime di deduzioni o detrazioni per diverso numero di figli a carico – si semplifica in tre soli grafici l'aliquota media che in sette Paesi dell'Unione grava, al progredire del reddito, sul singolo senza figli a carico, sulla coppia sposata con moglie senza reddito e figli a carico, e infine sul singolo con figli a carico. Nel caso della coppia con figli, l'Italia ha un divario di aliquota media pari a 8 punti rispetto alla Germania, e la nostra aliquota media è di ben 10 punti superiore a quella della Francia: un divario che resta tale dai 20.000 euro di reddito come ai 60.000, in barba alla presunta progressività difesa dalla sinistra. Un fisco così ha senso solo se vogliamo importare immigrati a milioni, tranne il fatto poi che si inizierebbe subito a litigare su dove metterli e sui roghi delle banlieue francesi.

Il «pensiero unico» e la svolta alle urne

Quando ci si propone di metter mano a modifiche del prelievo fiscale, è vero che non c'è un «pensiero unico» al quale fare riferimento, ed è altrettanto vero che occorre essere prudentissimi, tenendo fisso lo sguardo ai dati di fatto, alla condizione del Paese e al contesto di mercato aperto nel quale ci si muove. Che cosa significa, in concreto? Almeno tre cose, in un Paese serio, un Paese cioè nel quale il fisco dovrebbe essere sottratto a scontri tribali per essere invece esaminato con criteri il più possibile condivisi. Esaminiamo che cosa è invece avvenuto sulla proposta di «armonizzazione» delle aliquote sulle cosiddette rendite finanziarie, uno dei cavalli di battaglia del centrosinistra nella campagna elettorale 2006, dopo due anni passati lancia in resta a confondere le idee ai contribuenti sui presunti tesoretti fiscali accumulati dai cosiddetti e famigerati «furbetti del quartierino». Armonizzazione che attende ancor oggi che scriviamo – però – di essere tradotta in concreto e preciso impegno normativo, visto che il centrosinistra sembra ora aver smarrito il suo intento per strada.

La prima considerazione è che quando la sola pressione tributaria complessiva italiana è già ben superiore al 42% del PIL, l'armonizzazione di aliquote diverse dovrebbe tendere il più possibile verso quella più bassa: in questo caso, appunto, il 12,5%, che com'è noto grava su plusvalenze e obbligazioni pubbliche e private, e non verso quella più alta del 27%, che attualmente colpisce i depositi bancari. La seconda considerazione è che a maggior ragione ciò dovrebbe valere quando ci si muove in un contesto esposto alla concorrenza fiscale internazionale come giocoforza avviene per l'Italia – a fronte di Paesi in cui i rendimenti reali dei fattori produttivi e finanziari sono più elevati del nostro, rispetto ai quali una classe dirigente seria dovrebbe nutrire, alimentare e diffondere un interesse vitale a poter garantire aliquote italiane più «concorrenziali», per attirare nel nostro Paese capitali e investimenti esteri. La terza considerazione è che in un contesto in cui già il mondo dell'industria e della manifattura dal punto di vista della patrimonializzazione non se la passa poi troppo bene, non risulta molto lungimirante addossare ulteriori oneri anche alla finanza, rendendo meno vantaggiosi impieghi finanziari volti a sostenere l'impresa e non solo lo Stato come avviene per i BOT.

Detto tutto questo, veniamo al punto centrale avanzato da chi propone di alzare l'aliquota su BOT, obbligazioni private e plusvalenze di Borsa. L'argomento forte è naturalmente ancora una volta quello della redistribuzione, e di una maggiore equità sociale. Un argomento, in realtà, che è forte solo in apparenza. Ad abbracciarlo davvero, a risultarne pienamente coerenti risultano due ipotesi diverse. La prima è quella di adottare un'unica aliquota fiscale neutrale per i redditi da lavoro come d'impresa o finanziari di qualunque provenienza, e si tratta in altre parole ancora una volta della soluzione meglio conosciuta come *flat tax*, adottata come abbiamo visto dai Paesi ex comunisti, i quali non a caso segnano attualmente un incremento notevolissimo non solo del loro gettito fiscale, ma una fortissima capacità di attirare capitali esteri. La seconda soluzione è quella di far confluire tutti i redditi, da lavoro come mobiliari o immobiliari, in un unico montante da sottoporre alle aliquote ordinarie sul reddito – più o meno progressive a seconda degli ordinamenti – ed è la strada per esempio seguita dal fisco americano. Questa seconda soluzione rende possibile fondare l'argomento redistributivo su basi certe, come rende infatti certa la somma complessiva dei redditi di ciascun detentore di titoli.

Ma nel caso italiano i sostenitori dell'aggravio sui BOT non abbracciano alcuna delle due soluzioni indicate: né *flat tax*, né dichiarazione unica di tutti i redditi. E l'argomento redistributivo finisce per fondarsi su dati del tutto incongruenti: il fatto che secondo Bankitalia il 10% più ricco delle famiglie italiane controlli il 43% dello stock di ricchezza patrimoniale complessiva del Paese non ci dice affatto se siano concentrati proprio in quell'area e come i titolari di BOT da tassare «di più» per presunte ragioni di maggior equità sociale. Anzi, chi ha pratica dell'investimento in titoli di Stato sa che spesso essi sono la scelta proprio di famiglie a reddito basso e medio-basso, che sul loro reddito dipendente pagano già salate tasse alla fonte e non hanno affatto bisogno di esser ulteriormente penalizzate. Mentre i più ricchi e i risparmiatori meglio consigliati di solito investono in strumenti assai più remunerativi, e su piazze magari diverse da quella italiana. In assenza di presupposti certi sul reddito complessivo che si andrebbe a colpire, l'argomento redistributivo a favore della cosiddetta «armonizzazione della tassazione sulle rendite finanziarie» – con aliquota unica al 20% se non superiore – viene insomma a cadere miseramente. E la maggior tassazione su BOT e obbligazioni private sembra rispondere invece a due diversi ordini di ragioni. Un segnale all'ala «antagonista» antimercato che è molto forte nel centrosinistra, e che è ostile alla finanza in qualsivoglia declinazione. E un modo di tosare la lana laddove è più facile raderla, per reperire risorse allo Stato. Niente però che abbia a che fare con la giustizia sociale.

Un grande, tenace, lucido avversario

Ed eccoci al grande, indiscusso protagonista della svolta fiscale avvenuta con il governo Prodi. Vincenzo Visco, chi altri se no. Di lui, chi qui scrive ha una grandissima stima, da molti anni. Da quando le prime volte ancora ragazzino lo incrociava ogni tanto nello studio del professor Bruno Visentini, a piazza di Spagna, e sono ormai tanti anni davvero. Visco è persona di parola, e quando dice una cosa c'è da metter la mano sul fuoco che parli con intelligenza e determinazione. Chi pensa sia un tecnico avvelenato dall'astio e ingrigito dalla consapevolezza di come lo considerino tanti italiani, sbaglia di grosso. Perché su argomenti come le tasse e la proprietà, cioè per chi è liberale la quintessenza della libertà individuale insieme a quella di pensiero, bisogna imparare a riconoscere negli anni e saper rispettare come si meritano i propri avversari. Soprattutto quando sono lucidi e temibili, ferrati e determinati al limite estremo, i migliori rappresentanti di una tradizione che affonda le radici in settant'anni di storia. Se a poche ore dalle elezioni vinte per un soffio Visco già diceva che la tassazione delle rendite finanziarie e di successione si farà, era da intendersi che esattamente ciò sarebbe avvenuto. Quello stesso giorno la sua correzione pomeridiana, secondo la quale le tasse non sarebbero aumentate col nuovo governo e anzi i proventi della lotta all'evasione sarebbero serviti a diminuirle, era puro omaggio formale all'invito del neopremier ancora *in pectore* a non fare troppo casino. Ma Visco è così da sempre: non dice sempre tutto ciò che pensa. Ma quello che annuncia, di solito lo fa.

Perché Visco è temibile? Perché sulle tasse non è un comunista. Se lo fosse, non avrebbe chanche: sarebbe per la tassazione asintotica che coincide con la proprietà integrale di Stato, e non sarebbe stato viceministro alle Finanze ora, né ministro alle Finanze in passato. Visco incarna – nella versione più decisa – la tradizione ohinoi neokeynesiana, convinta che i colpi portati dal marginalismo austriaco e dall'offertismo americano a un'imposizione fiscale pari a metà del reddito nazionale siano stati solo espressioni feroci e da rigettare di una nuova lotta di classe. Non più tra operai e padroni naturalmente, ma tra la minoranza che ha accesso a redditi diversi da quelli di lavoro, e chi invece vi resta confinato. È una teoria che può affascinare e affascina di fatto moltissimi ancora in Italia, laddove oltre l'80% delle famiglie preferisce ancora investire la propria ricchezza patrimoniale – non bazzecole, quasi 300.000 euro in media per famiglia – nell'acquisto di immobili, invece che negli *asset* finanziari. Ma che non potrebbe mai attecchire in America, dove azioni o obbligazioni sono detenute da oltre il 60% delle famiglie. Ma c'è un però. Un però grande come una casa. Rialzare le aliquote per le imposte di successione e per la compravendita di azioni e obbligazioni private, alzare gli estimi catastali e fissare un tetto per ricalcolare l'ICI sulla prima casa oltre una certa soglia, e sulla seconda con un' aliquota secca in ogni caso – l'intenzione dichiarata da Visco in campagna elettorale – non è affatto manovra che riguardi poche migliaia di *rentiers*, pingui e col monocolo come nelle caricature di George Grosz. È una falce che colpisce milioni di italiani. E più ne colpirà, visto che Visco intendeva proporre e infatti ha apposto in finanziaria per sovrammercato l'innalzamento delle aliquote contributive per altri milioni di individui, i lavoratori autonomi e parasubordinati: a parole per scoraggiare l'esternalizzazione dell'occupazione e per combattere il precariato, in realtà per «colpire» strategicamente la parte d'Italia che, più praticando sulla propria pelle tutti i giorni il rischio d'impresa, più è idealmente lontana dal collettivismo tendenziale di cui è impregnato il modello «più Stato, più fisco, più lavoratori dipendenti intoccabili, nel pubblico e nel privato».

A fine maggio 2006, all'assemblea annuale di Confindustria, risultò chiaro che Visco sapeva bene di interpretare una parte abbastanza estesa del consenso dell'élite alla guida di viale dell'Astronomia. Il presidente, Montezemolo, dalla tribuna spese grandi parole per reclamare i cinque punti di cuneo fiscale in meno promessi alle imprese in campagna elettorale. Ma non fece alcuna opposizione al maggior prelievo annunciato su compravendite finanziarie e successioni, sui più alti contributi agli autonomi. Visco non nutre una grande considerazione dell'élite confindustriale italiana, non l'ha mai considerata all'altezza di un grande Paese dell'Occidente. Ha sempre saputo che sarebbe stata dalla sua parte, in cambio della promessa sul cuneo fiscale che si è poi divertito a sminuzzare e a ridurre a fettine sempre più magre, in cambio per di più del sì obbligato al meccanismo di «scippo pubblico» del TFR dei lavoratori. E non è affatto detto che Visco abbia torto, a pensarla così.

III

La finanziaria tutta-tasse

La cronaca della manovra finanziaria per il 2007, preceduta dal decreto Visco-Bersani nel luglio 2006, è ancora recente. Ma vale la pena di ripercorrerne i tratti salienti, ai fini dell'obiettivo che qui ci si ripropone. Tutto è cominciato con la cosiddetta *due diligence* dei conti pubblici, passati in consegna al governo Prodi da quello Berlusconi. La commissione incaricata di certificare il presunto extradeficit ereditato è stata coordinata dal professor Riccardo Faini, successivamente scomparso in maniera davvero prematura, lasciando una vivissima impronta di sé in tutti coloro che l'hanno conosciuto. L'extradeficit ereditato, di cui il governo entrante era certissimo e che Visco quantificava ancora dopo le elezioni intorno al 5% del PIL se non addirittura superiore, venne così affidato non alla Ragioneria generale dello Stato, l'unica istituzionalmente chiamata a dare certezza e affidabilità tecnica ai conti pubblici. Affidandosi a uno stimato ex dirigente del Tesoro ma sempre ex e di note simpatie politiche, il segnale dato all'amministrazione della spesa e delle entrate fu che tutto doveva cambiare.

Detto questo, anche il professor Faini non poté fare a meno di riconoscere che l'uscente ministro Tremonti aveva fatto in realtà un buon lavoro. Rispetto al 3,8%

di deficit 2006, la stima dell'ultima trimestrale di cassa firmata da Tremonti, la verifica prodiana accertava che c'era solo uno 0,3% di deficit tendenziale in più. Un miracolo, rispetto all'eredità lasciata dall'Ulivo cinque anni prima. Nel 2001, il governo Amato perse le elezioni sostenendo che il deficit 2001 sarebbe stato allo 0,8% del PIL. Dopo anni di roventi polemiche, Eurostat certificò che il deficit 2001 giunse invece al 3,1% del PIL, sfondando già allora il tetto di Maastricht. L'Ulivo lasciò un 2,3% del PIL di deficit nascosto. Tremonti, secondo la stima della commissione Faini, si fermava a un ordine di grandezza ben dieci volte inferiore, un terzo di punto. Non male, pensando che gli anni alle nostre spalle erano stati a crescita stagnante, mentre ai tempi dell'Ulivo la crescita era assai più sostenuta. Il bello era poi che la commissione Faini attestava che il deficit 2006 avrebbe potuto passare dal 4,1% al 4,6% del PIL, per metà se il governo Prodi non avesse attuato a puntino la finanziaria di Tremonti, e per l'altra metà se il governo Prodi voleva davvero spendere di più per i cantieri dell'ANAS e per gli investimenti delle Ferrovie. Che è già tutt'altro paio di maniche, rispetto all'extradeficit ereditato tante volte annunciato, perché voleva dire che Tremonti addirittura era stato fin troppo rigoroso. Le cifre della commissione Faini si sono a propria volta, in ogni caso, rivelate fallaci per eccesso. Il deficit di competenza si è chiuso nel 2006 al 2,4% del PIL, al netto delle partite patrimoniali che il governo vi ha aggiunto per non contraddirsi troppo. E la sottostima è avvenuta proprio per la pugnace volontà di ignorare l'extragettito fiscale che, dal 2005 e dunque per effetto della cura Tremonti e del non aver alzato le aliquote, aveva iniziato a riversarsi nelle casse pubbliche. Ma di questo, oltre.

Padoa-Schioppa giudicò a quel punto che una manovra correttiva fosse «inevitabile», stimandola inizialmente nell'ordine dello 0,8% del PIL, e con una manovra della successiva finanziaria che sarebbe stata a propria volta nell'ordine di grandezza di un 1,2 o di un 1,3% del PIL. I due punti percentuali richiesti da Mario Draghi al suo esordio all'Assemblea di Bankitalia, il 31 maggio 2006. Anche Tremonti e il governo Berlusconi, nelle loro ultime stime, indicavano la necessità di una correzione forte degli andamenti di spesa corrente. E quando la spesa delle amministrazioni pubbliche arriva a superare il 50% del PIL, e quando negli anni alle nostre spalle ha continuato a crescere in termini reali di due punti e mezzo nel quinquennio, è evidente che bisogna mettere un fermo. Solo che il governo di centrodestra aveva tracciato un orizzonte complessivo, articolato in due manovre concorrenti. Da una parte, Tremonti proponeva che subito dopo le elezioni e in previsione del graduale avvio a regime della riforma della Costituzione e della devolution, poi respinta in referendum dagli italiani, si aprisse un grande tavolo di confronto tra Stato, Regioni e Autonomie: tale che ciascuno concordasse sulla propria quota parte di spesa pubblica attribuita, nonché su imposte e contributi proporzionati agli oneri relativi da sostenere, ma inoltre anche sulla propria quota parte di debito pubblico, in maniera da rendersene «responsabile» agli occhi dei mercati. La seconda manovra indicava una via ambiziosa: dare un colpo al debito pubblico che superava il 107% del PIL, attraverso la creazione di un grande veicolo di mercato – e costituito secondo le leggi del mercato da operatori privati – al quale attribuire la messa a reddito di asset stimabili in ben 25-30 punti percentuali del PIL.

Una manovra che non avrebbe avuto nulla a che fare con le cartolarizzazioni che tanto sono dispiaciute al centrosinistra, perché alla società *ad hoc* così costituita sarebbe spettato decidere quale scelta compiere tra alienazione, concessione, locazione, *leasing* e quant'altro, dell'intero complesso delle attività detenute, con regolari titoli azionari emessi garantiti dal flusso di cassa conseguibile.

Il centrosinistra, al contrario, ha scartato sin dall'inizio e sempre tale duplice manovra, che avrebbe consentito di ridisegnare entrate e uscite tra Stato e Autonomie, e ci avrebbe d'un solo colpo avvicinato alla media di debito pubblico dell'Unione europea. L'Ulivo e l'Unione hanno preferito e preferiscono perseguire la strada di chi mira a obiettivi di avanzo primario di spesa nell'ordine fino a 5 punti del PIL di anno in anno e per molti anni, per diminuire un colpetto alla volta il debito pubblico. La differenza è che avanzi primari di quella portata non solo impiegano anni o decenni per ottenere risultati quantitativi paragonabili alla via che era stata proposta da Tremonti. Ma, soprattutto, ed eccoci tornati al cuore del nostro problema, nella recente storia italiana e proprio quando ha governato la sinistra, gli avanzi primari crescenti sono stati «sempre» perseguiti accrescendo il prelievo fiscale, invece che diminuendo la spesa. Negli anni di Ciampi – è vero – l'aumento della spesa corrente in termini reali fu minore che negli anni di Berlusconi. Tuttavia la spesa continuò comunque a crescere. Mentre è con un aumento complessivo di quasi 8 punti percentuali del PIL in termini di maggiori tasse, imposte e contributi, che l'Ulivo negli anni Novanta ci ha portato all'ingresso nell'euro.

È un errore gravissimo – almeno per chi come noi è

un liberista offertista – rispondere a un problema di stock di debito accumulato da diminuire con dei flussi di minor reddito disponibile, espropriati anno per anno ai contribuenti e alle imprese, attraverso maggiore imposizione fiscale. Il nocciolo dell'emergenzialismo contabile del centrosinistra sta tutto qui: in un grave errore di teoria, che comporta effetti deflazionistici e distorsivi sull'economia reale e sui suoi consumi e impieghi finanziari; un grave errore che maschera in realtà la giustificazione a maggior prelievo solo per assicurarsi una crescente e non diminuita massa di risorse da spendere centralmente e discrezionalmente, attraverso la liturgia contrattata con gli interessi forti della concertazione a favore di sindacato e Confindustria, oltre che premiando, naturalmente, le proprie *constituencies* elettorali.

Rifondazione, Comunisti italiani, Verdi e sindacati subito preannunciarono a Padoa-Schioppa di non illudersi su presunti tagli alla spesa: la manovra aveva da essere fortemente «redistributiva». Dimenticando che allorché si tratta di ripartire ciò che c'è già alzando le tasse, si scoraggiano lavoratori imprese e risparmiatori a lavorare, guadagnare e investire di più, perché ciascuno giustamente inizia a temere subito che gli verranno sottratte quote aggiuntive dei frutti dei propri sforzi. Del resto, gli italiani hanno votato sapendo ciò che li avrebbe aspettati. Nel programma elettorale dell'Unione c'è solo l'imbarazzo della scelta, tra i maggiori prelievi che il governo di centrosinistra preannunciava. Più IVA – e per fortuna è venuto un ripensamento, almeno sinora –, più contributi agli autonomi e parasubordinati, maggiori aliquote sulle compravendite azionarie e obbligazionarie, revisione degli estimi catastali, più ICI sulla casa con la scusa di applicarla magari solo da una certa soglia di valore in su, reintroduzione delle aliquote marginali ex IRPEF abolite da Berlusconi, rinuncia al concordato per adesione e a tutti i meccanismi di preaccertamento dei redditi triennali sui quali Tremonti aveva impostato la sicurezza delle entrate fino al 2010, drastico appesantimento degli studi di settore per commercianti e professionisti, e via proseguendo. La finanziaria 2007, come si vede, non è stata certo una sorpresa.

Il decreto Visco-Bersani

Il primo vero atto identitario in politica economica, una volta costituito il nuovo governo Prodi, fu il decreto Bersani, in teoria prima «lenzuolata» di liberalizzazioni. In realtà, visto il peso e l'impatto assai prevalente esercitato dalle norme fiscali compresevi da Visco, rispetto alle liberalizzazioni dei taxi, tutti presero a chiamarlo più correttamente Visco-Bersani. In quell'occasione, si è toccata con mano una brutta novità, che continua a contrassegnare la produzione di norme fiscali da parte dell'attuale governo. I cervelli assai lucidi di un tempo in qualche misura rivelano di aver perso negli anni qualche colpo. Cadono in fallo, con conseguenze a volte impreviste. È accaduto, per esempio, che Visco abbia dovuto rapidamente correre ai ripari rispetto a una norma di aggravamento della tassazione sulle compravendite immobiliari – siamo sempre nel capitolo «anti-furbetti» – di fronte al fatto che gli esperti di settore, una volta conosciuta la norma proposta in decreto, stimassero che il suo impatto non era affatto di 470 milioni di euro come stimato da Visco ma fino a 20 se non addirittura fino a 30 miliardi di euro. La quotazione di alcuni fondi immobiliari e di *Real Estate* per alcuni giorni in Borsa si trovò esposta a fluttuazioni che avrebbero dovuto vedere la Consob sanzionare il governo in carica. Visco se la cavò parlando poco elegantemente di un errore degli uffici prima di metter riparo allo scivolone, ma il guaio di norme approvate senza che lo stesso legislatore capisca che cosa vi aveva scritto si riproporrà puntualmente più avanti, in finanziaria: nuovi aggravi per esempio coi tre diversi e sempre più cervellotici ritocchi in materia di tasse automobilistiche, o a proposito di incentivi cosiddetti CIP6, volti alla produzione di energia «assimilata» alle alternative. Quando un legislatore che alza le imposte sottostima di un ordine di grandezza pari a cinquanta volte – cinquanta! – l'effetto di maggior gettito della norma che approva in decreto legge, come avvenne per il settore immobiliare nel luglio 2006, c'è serissimamente di che aver paura. Non solo per il contribuente si mette male perché aumenta ciò che gli viene chiesto, ma chi lo obbliga a farlo mostra di non aver più neanche la minima idea di che cosa davvero stia parlando.

Il decreto Visco-Bersani ha costituito un buon biglietto da visita per ciò che il nuovo centrosinistra ha in serbo per i contribuenti. Il tanto sbandierato vessillo della lotta all'evasione ha portato all'introduzione di un vero e proprio «Grande Fratello» telematico dei controlli fiscali, su ogni minima operazione sui nostri conti correnti, con novità vessatorie come la norma che sottopone a istruttoria preventiva la decisione di aprire una partita IVA da parte di un contribuente, tanto per scoraggiare chi si volesse mettere in proprio invece che rassegnarsi alla condizione di lavoratore dipendente e possibilmente sindacalizzato. Ma d'altra parte più di mezza maggioranza – Rifondazione, Verdi, Comunisti italiani e l'ala sinistra dei DS –, oltre a tutti i sindacati confederali, ha invocato incessantemente che la finanziaria del risanamento promessa da Padoa-Schioppa nel DPEF di fine luglio 2006 avvenisse solo ed esclusivamente con una strizzata di sangue dalle tasche del contribuente, con imposte aggiuntive per una ventina di miliardi di euro. Tanto che subito e ripetutamente scese in campo il governatore della Banca d'Italia, Mario Draghi, per ribadire che occorreva invece contenere la spesa sanitaria e previdenziale, i 180 miliardi che finiscono ai dipendenti pubblici e i trasferimenti agli Enti locali che sforano il patto di stabilità interno, i diversi capitoli del controllo di spesa sui quali Padoa-Schioppa ha dovuto misurarsi tra mille polemiche di sindaci, amministratori locali e sindacati.

Ma se i tre obiettivi dichiarati dal capitolo del DPEF presentato da Padoa-Schioppa relativo alle politiche dell'entrata erano equità, sviluppo e semplificazione, agli occhi del liberista offertista tutti e tre risultavano clamorosamente contraddetti dalle norme introdotte in materia fiscale nel decreto legge 30 giugno 2006 – il Visco-Bersani – la cui reale portata divenne apprezzabile solo giorni e giorni dopo la sua approvazione, rendendo di fatto a tutti gli effetti un vero incidente politico l'ampia scheda sul provvedimento presentata solo in Parlamento, mentre all'atto dell'approvazione a Palazzo Chigi quasi nulla del suo contenuto fu in dettaglio illustrato alla stampa.

In termini di equità e sviluppo, nonché di semplificazioni, l'apparato di aggravi procedurali e l'invasività delle nuove norme contenute dal decreto in materia di accertamento, retroattività delle norme fiscali e prerogative dell'amministrazione finanziaria, sono stati tali da configurare una vera e propria svolta autoritaria: dagli obblighi di conto obbligatorio d'esercizio professionale alla prescrizione di strumenti di pagamento obbligatori per avvalersi dei loro servizi, dall'obbligo di comunicazione all'Anagrafe tributaria da parte degli intermediari finanziari di ogni sia pur minima transazione finanziaria dei clienti nonché della stessa natura dei rapporti, all'obbligo disposto per le imprese di dotarsi di apparecchiature on line 24 ore su 24 con l'amministrazione finanziaria, al raddoppio dei termini di accertamento con valenza retroattiva, alla facoltà per l'amministrazione tributaria di accertamenti senza obbligo di informazione al soggetto interessato, alla responsabilità solidale della stazione appaltante in materia fiscale e contributiva rispetto a inadempienze dei soggetti subappaltatori: tutto ciò e molto di più ancora – le norme esplicative del decreto e delle relative circolari attuative dall'estate 2006 hanno impegnato ben sei *instant book* e pubblicazioni edite dal «Sole 24 Ore» – configurano una svolta invasiva assai più preoccupante dello stesso definitivo smantellamento della pianificazione fiscale triennale, predisposta dal governo precedente come base di convergenza tra contribuente e amministrazione.

Nel DPEF di Padoa-Schioppa, al contrario, quanto alla battaglia in grande stile che ci si proponeva contro evasione ed elusione fiscale, non vi era alcuna indicazione concreta. Le formule restavano per lo più generiche. L'obiettivo dichiarato di «recuperare progressività», unito al giudizio negativo sulla «riforma di segno regressivo» adottata nella precedente legislatura circa le imposte dirette sulle persone fisiche, inevitabilmente preludeva per lo meno a una reintroduzione delle aliquote e delle soglie di reddito abbattute dal secondo modulo della riforma IRE introdotta da Tremonti, con aumenti di gettito per un importo tra i 5 e i 7 miliardi di euro.

L'obiettivo di «discriminare sempre più tra attività speculative e attività produttive», coordinato alla «tendenziale unificazione del trattamento fiscale delle varie tipologie di redditi», preludeva inevitabilmente alla cosiddetta «aliquota unica» per gli impieghi finanziari, unificando al 20 o addirittura al 23%, come già detto, l'attuale regime del 12,5% per redditi azionari, obbligazionari e titoli di Stato, rispetto al 27% gravante sui depositi bancari. Se l'unificazione dell'aliquota dovesse avvenire su base di neutralità di gettito, allora essa secondo tutte le più accreditate simulazioni potrebbe e dovrebbe essere di poco inferiore al 15%: al 20%, comporterebbe infatti maggior gettito per 4,8 miliardi di euro, al 23%, per oltre 7 miliardi. In ogni caso, per un apprezzabile incremento del gettito sarebbe necessario intervenire sull'intero stock di titoli in circolazione, e non su quelli di nuova emissione: si tornerebbe altrimenti alla mancata omogeneità degli anni Ottanta, tra titoli allora esenti, tassati al 6,25% e al 12,5%, ma l'esperienza dimostrò che gli intermediari sostituti d'imposta e l'amministrazione stentavano a reggere le complicazioni dovute alla complessa gestione. Le stime dell'ABI relative a un'aliquota unica del 20% prospettano un rischio di un aumento del costo di raccolta per tutto il sistema d'imprese, bancarie e industriali, a motivo della traslazione sui tassi lordi di emissione della maggiore imposta: effetto che le simulazioni governative note del governo paiono negare in radice. I soli tassi sulle obbligazioni bancarie segnerebbero un incremento di 19 punti base il primo anno e di 22 nel secondo. Forse è anche per questo che, al momento, Visco esita ancora su questo punto.

Quanto alla tassazione del reddito d'impresa, nulla di più nel DPEF veniva detto se non che essa andasse nuovamente volta a favorire «innovazione, capitalizzazione e internazionalizzazione»: è la premessa apparente per un ritorno al regime di «imposizione virtuosa» della DIT, ma in assenza di alcun dettaglio non è dato dire come e se essa si volgerebbe nuovamente in quella sorta di aliquota *prêt-à-porter* in cui si risolse nella XIII legislatura, aliquota che consentiva ai grandi gruppi iperfinanziarizzati come Telecom un gravame inferiore al 20%, mentre per i piccoli manifatturieri poteva superare il 35%. La riduzione del costo del lavoro confermava in termini generali l'insistente impegno sulla diminuzione del cuneo contributivo, ma senza alcun cenno su quali avrebbero potuto essere i criteri di selettività per l'ammissione ai benefici che il governo intendeva introdurre. Altrettanto indeterminato il riferimento a eventuali riduzioni dei trasferimenti alle imprese, quantificate in conto corrente e in conto capitale in circa il 2% del PIL. Nessun obiettivo pluriennale di rimodulazione della pressione fiscale complessiva veniva naturalmente annunciato: per un DPEF di inizio legislatura, era la conferma più solenne che il governo attuale ritiene assolutamente di avere «mani libere», sul fronte delle entrate.

Esplodono le entrate, o l'evasione?

Ad agosto 2006, era ormai certificata una vera e propria «esplosione» delle entrate erariali del primo semestre 2006, a testimonianza inequivocabile di come abbassare le aliquote faccia emergere imponibile, dunque arricchisca le casse dello Stato e al contempo faccia pagare di più sul totale del gettito i redditi più elevati. Ma ecco che, per immediata contrazione, il governo dirama le statistiche finali sulle dichiarazioni dei redditi relative al 2004. E riparte l'oliata macchina della propaganda inesausta del partito dei «tassatori», la vera e propria matrice ideologica di riferimento di un centrosinistra per metà egualitario in quanto nostalgico del collettivismo, e per l'altra metà inequivocabilmente nostalgico di un keynesismo malconcepito, tutto Stato e politica della domanda pubblica e niente economia dell'offerta costruita su spazi di maggior libertà a individuo, famiglie e impresa privata.

Che cosa testimoniano quei dati 2004? Agli occhi del partito statalista, che i ricchi evadono in maniera scandalosa, e che dunque bisogna alzare ulteriormente il prelievo nei loro confronti. Per quanto riguarda il reddito delle persone fisiche, infatti, su 40 milioni di dichiarazioni solo lo 0,14% dei contribuenti, pari a 55.000 persone, dichiara un reddito superiore ai 200.000 euro annui. E solo lo 0,67%, in totale 170.000 persone fisiche, dichiara un reddito superiore ai 100.000 euro. Agli occhi nostri, liberisti e sostenitori di un'economia in cui più libertà al singolo significa più crescita per tutti, dicono invece che le alte aliquote marginali sono solo grida manzoniane.

E non c'è maniera di intendersi in una «terra di mezzo», quando lo scontro è così radicale. Perché esso impegna una questione centrale, di filosofia prima che di numeri. Investe i diritti di libertà naturale propri della persona e alla famiglia, che per noi vengono prima di quelli dello Stato, al quale ci si rivolge solo per ciò che singoli e libere associazioni di singoli non sanno o non possono far meglio. Mentre per gli statalisti e i comunitaristi è lo Stato che viene prima, perché solo lui può rimediare ai vizi congeniti, all'egoismo e alla prevaricazione che sarebbero connaturati in ogni libera persona.

L'Italia è e resta un Paese ad alto prelievo. In quel 2004 al quale si riferiscono i dati definitivi delle dichiarazioni dei redditi, il 41,8% di pressione fiscale sul PIL italiano faceva riscontro al 27,5% della Lettonia, al 30% della Slovacchia, al 32% dell'Irlanda, al 35% della Polonia, al 37% della Spagna, del Portogallo e del Regno Unito, al 39% di Grecia, Olanda e Ungheria, al 40,6% della Germania. A superarci, solo gli iperstatalisti come Francia, Danimarca, Finlandia e Svezia. Questo dato, non dimentichiamolo, deve essere tarato su un'anomalia aggiuntiva tutta nostra. Dai tempi in cui l'ISTAT procedette a inglobare nella stima del PIL una quota annuale di valutazione dell'economia sommersa, di anno in anno il dato ufficiale della pressione fiscale va in realtà ritarato. Quel 41,8% di PIL del 2004 – supererà il 43% nel 2007 – è il gettito infatti rispetto a un PIL di cui il 16% è contato dall'ISTAT «in nero»: dunque in realtà sul 2004, fatte le debite correzioni, è come se sull'economia legale la pressione fiscale fosse stata del 48%. Cosa che ci porta dritto dritto in cima alla graduatoria europea, tranne la Svezia che oggi, coi conservatori al governo, abbassa le tasse.

Quanto poi alla tassazione sugli utili aziendali, i dati comparati più recenti dell'OCSE dicono che, rispetto a una aliquota media dell'Europa a 25 pari al 25,9%, e a una media dell'Europa a 12 dell'euro pari al 29,7%, la media italiana ammonta invece al 37,3%: e qui davvero ora che la Germania abbassa l'aliquota di 9 punti percentuali non ci batte più nessuno, perché nei Paesi scandinavi è di 9 punti inferiore, e persino in Francia è più bassa di 4 punti rispetto a noi.

Questi i fatti. L'Italia delle alte aliquote progressive credeva di attuare maggior giustizia sociale, e trentatré anni fa, allorché s'introdusse l'autocertificazione, la politica era convinta che il Paese si sarebbe mosso sempre più verso una realtà di imprese grandi e medio-grandi, in cui la stragrande maggioranza dei contribuenti sarebbero stati intercettati direttamente dal fisco attraverso le imprese da cui dipendevano, con queste ultime che avrebbero svolto il ruolo di sostituti d'esazione, trattenendo imposte e contributi direttamente dalle buste paga. Ma i fatti sono andati diversamente. In Italia abbiamo oggi meno imprese grandi di vent'anni fa, e al contrario siamo il Paese OCSE col maggior numero di autonomi, artigiani, professionisti e piccoli imprenditori sul totale della popolazione attiva. Solo gli autonomi ammontano a oltre 4 milioni di unità su 22 milioni di lavoratori «ufficiali», e quanto alle imprese, oltre 9 su 10 ricadono nella sfera «fai da te» che non arriva a 10 dipendenti. In un mondo reale di questo tipo, l'alta progressività delle aliquote si traduce non solo in un disincentivo all'offerta marginale «ufficiale» a lavorare di più, a guadagnare di più, a investire e a consumare di più: in altre parole si traduce in minor crescita, rispetto a Paesi che hanno registrato un boom proprio tagliando alla radice la progressività delle aliquote come l'Irlanda, oppure adottando l'aliquota unica – la *flat tax* tanto famigerata agli occhi degli statalisti giustizialisti – come hanno fatto i Paesi dell'Est Europa.

Oltre a farci crescere meno, le alte aliquote progressive in un mercato del lavoro e dell'impresa tanto frastagliato si prestano inevitabilmente a comportamenti di difesa dalle pretese dello Stato che hanno successo incomparabilmente diverso. Il povero popolo dei lavoratori dipendenti non ha strumenti per difendersi dalle trattenute alla fonte. Chi invece autocertifica lavoro autonomo si avvale fino in fondo di tutte le possibilità offerte dalla legge per sottrarsi il più possibile alle pretese rapaci del fisco. Chi, infine, per il fisco non è mai esistito, tende a sottrarre al fisco la totalità del dovuto, cioè resta in nero e se la ride. Di fronte a ciò, è pura demagogia dire che c'è un quarto aggiuntivo di PIL nazionale di risorse sottratte al fisco per oltre 300 miliardi di euro, e dedurne come rimedio che «bisogna far pagare i ricchi», spremendone almeno 50 o 60 miliardi di gettito attraverso la mordace azione di Vincenzo Visco: come subito dichiararono alla pubblicazione delle denunce fiscali 2004 gli esponenti della CGIL, di Rifondazione e dei Comunisti italiani.

A nostro modesto giudizio, si tratta di demagogia pericolosa, per almeno tre ragioni.

La prima: il pregiudizio ostile verso autonomi e partite IVA è di tipo ideologico. Può stupire che un autonomo su quattro dichiari redditi paragonabili a quelli di un pensionato, ma è la realtà che per un terzo circa dei milioni di autonomi, nonché delle piccole imprese italiane che pagano in media imposte di 4 punti percentuali superiori rispetto alle grandi, la lotta col fisco sia questione di pura sopravvivenza sul mercato: i loro margini di utile e reddito sono tanto compressi, che rispettare in pieno l'aliquota nominale li porterebbe semplicemente a chiudere l'attività. Più volte, scrivendo a questo proposito, Ilvo Diamanti – che vota a sinistra ma è un osservatore dell'economia e della società senza paraocchi – con grande onestà intellettuale ha riconosciuto che la sinistra sbaglia per vecchio retaggio sugli autonomi e non riesce a distinguere i tanti che stentano, all'interno di quel mondo generalmente invece additato all'esecrazione in quanto fitto di evasori fiscali incalliti.

La seconda ragione è che, per crescere, le aliquote bisogna abbassarle e non alzarle, perché solo così diventa «conveniente» accrescere la percentuale di fedeltà fiscale, e abbassare invece il coefficiente di difesa dallo Stato attraverso l'elusione. Per dirne una, Tremonti aveva abbassato le aliquote dell'ex IRPEF, e il risultato è che l'IRPEF media sale nel gettito dei primi sei mesi 2006 già di 12 punti percentuali, rispetto al punto scarso di crescita dell'economia stimato nella stessa unità di tempo. Idem dicasi per l'IRES sulle imprese, il cui gettito va benissimo grazie al fatto che se n'è abbassata l'aliquota media dando in più alle aziende un quadro triennale di concordato dei risultati attesi, nonché allo Stato del gettito raccolto: ma Visco, appena arrivato, ha abolito naturalmente il concordato.

La terza ragione ha invece a che fare non con gli aridi numeri della contabilità nazionale, ma coi fondamenti della libertà. All'indomani della pubblicazione dei dati sulla presunta evasione di massa dei lavoratori autonomi italiani, l'«Avvenire», il quotidiano della CEI, cioè dei vescovi italiani, pubblicava una doppia pagina dedicata a una parola-chiave: comunismo. Leggendo, c'era da allibire. A parte i giudizi sulla «forte coscienza etica» di Marx, altre perle del tipo «la differenza tra società capitalistica e comunismo è che nella prima l'operaio vive quel tanto che è richiesto dalla classe dominante, mentre in una società comunista il lavoro è solo un mezzo per rendere migliore l'esistenza dei lavoratori». Due pagine intere di tal fatta, con finale condanna del liberismo in quanto più ingiusto ancora del comunismo, e pistolotto conclusivo sulle ultime elezioni politiche italiane. Libero il giornale delle gerarchie ecclesiastiche italiane di commentare in tal modo la presunta evasione fiscale di massa del nostro Paese, ma una cosa è sicura: solo chi non ha occhi per vedere può disconoscere che negli ultimi quindici anni nel mondo sono usciti dalla morte per fame più esseri umani che nell'intera storia dell'umanità precedente. E ciò avviene grazie al mercato. Che non rende affatto tutti eguali, come vogliono comunisti e tassatori, ma apre a chi sa e vuole fare meglio più vaste possibilità di realizzarsi. Con meno tasse, appunto, che saranno in più numerosi ad avere convenienza a pagare: e col risultato di sottrarre ai poveri lavoratori dipendenti il primato negativo di essere i più tartassati, un primato che è stato loro regalato proprio da chi ha voluto un sistema tanto scioccamente progressivo di aliquote.

Lotta al contante e «Grande Fratello»

Il decreto Visco-Bersani conteneva un'altra svolta simbolica e insieme evocativa dei tempi: la lotta al contante, in nome della guerra all'evasione, come se il denaro liquido fosse prova provata di attività delinquenziali mentre al contrario assegni, bancomat e carte di pagamento siano prove inequivocabili di virtù personale e fiscale. Per milioni di anziani e pensionati italiani, che non hanno molta dimestichezza con strumenti di pagamento elaborati, la vita si farà più amara, e solo a patto di uno strenuo confronto parlamentare è stato possibile graduare a fine 2008 l'obbligo di non usare carta moneta per pagamenti superiori ai 100 euro.

Se si guarda alla questione con il giusto disincanto, la lotta al contante pare proprio l'ennesima balla ideologica, per almeno tre buone ragioni. La prima è di principio. Se proprio gli statalisti giurano oggi che i biglietti emessi dalla Banca centrale europea di Francoforte siano strumenti del diavolo, del crimine e della perfida evasione fiscale, forse non si rendono conto che essi si condannano ideologicamente con le proprie mani. Se il denaro ufficiale «pubblico» non deve più valere che a far diffidare di chi lo usa, e se al suo posto si dovrà invece ricorrere a strumenti di pagamento privati, come i blocchetti di assegni emessi dalle banche e le carte di pagamento emesse da società controllate da banche d'affari o da consorzi di credito, allora sono lo Stato e la tanto declamata BCE che non credono più in loro stessi. E meno male che ci hanno anche fatto pagare l'eurotassa, per poi dirci oggi che l'euro è uno strumento di Satana. Tanto vale allora abbracciare fino in fondo la tesi dei liberisti duri e puri, quelli che con Hayek e Friedman hanno sempre pensato che di banche centrali statali e sovrastatali non c'è proprio bisogno, perché il mercato si regola meglio da solo e la vera garanzia della credibilità dei pagamenti sta nel fatto che gli operatori hanno l'istinto e l'esperienza per emarginare quelli «sospetti».

La seconda ragione che smentisce la balla ideologica della lotta al contante sta scritta nella storia italiana. Da noi milioni e milioni di consumatori, soprattutto quelli a reddito minore, continuano a diffidare di carte di credito e assegni, che infatti sono assai meno diffusi in Italia che altrove. È per questo, del resto, che siamo il Paese nell'area dell'euro in cui è rimasta in circolo la maggior quantità di vecchia valuta, per decine e decine di migliaia di miliardi di vecchie lire. In altre parole, è proprio alla povera gente che la guerra ideologica di Visco e Prodi contro i pagamenti in contante complicherà maledettamente la vita. Quando la norma del decreto Bersani-Visco entrerà completamente a regime, e per pagare un qualunque idraulico o elettricista per una riparazione superiore ai cento euro bisognerà ricorrere alla «tracciabilità elettronica» dei pagamenti, l'effetto boomerang sui ceti popolari si rivelerà in tutta la sua portata. Non capiterà alcuna sommossa, ci mancherebbe. Sarà solo l'ennesima, dannata complicazione italiana in più.

Ma c'è poi una terza ragione di fondo, per non cascare nella trappola ideologica. Non è il maggior gettito e la maggior crescita economica che il governo persegue con la sua conclamata «lotta all'evasione». È un obiettivo tutto politico. E i liberisti dovrebbero avere il fegato di combatterlo apertamente e risolutamente. Anche su tale punto, Visco ha mostrato ancora una volta che, in una politica di idee deboli, chi le ha forti si candida a essere il vero punto di riferimento del governo. Malgrado tutti gli sforzi di deviare l'attenzione dell'opinione pubblica verso le liberalizzazioni di taxi, farmaci e professioni, il segno prevalente dell'impostazione economica e politica della prima fase del governo Prodi è stato proprio quello impresso dal viceministro alle Finanze. A chi polemizza sulla pervasività dei nuovi obblighi fiscali disposti, Visco controbatte respingendo radicalmente l'idea che si tratti del «Grande Fratello» orwelliano di cui viene accusato dai liberisti e antistatalisti. Egli conferma ogni volta che al centro della sua visione campeggia una «messa in linea» dell'anagrafe tributaria che non consenta più la verifica di quanto ciascuna persona fisica e giuridica versa allo Stato per singola imposta dovuta, ma in tempo reale sull'intero spettro delle proprie posizioni, attività, redditi dichiarati, attesi e accertati, contestati o disattesi. Ma le nuove norme in materia di poteri della Guardia di finanza, gli accertamenti consentiti per anni e anni in precedenza senza nemmeno l'obbligo d'informativa al soggetto, l'assimilazione di fattispecie amministrative penali e fiscali, tutto ciò costituisce un orizzonte che è molto diverso dalla pura «sistematizzazione informatica» dei dati custoditi dall'amministrazione finanziaria.

È cosa ben diversa da ciò che sarebbe stato invece più che comprensibile, limitarsi a identificare con chiarezza alcune aree nelle quali supplementi d'accertamento sono richiesti, come quelle relative alle perdite di massa dichiarate da una percentuale assai elevata delle società di capitali. Ed è puntualmente all'immagine del «Grande Fratello», quella alla quale per mesi i giornali hanno fatto ricorso, esattamente spiegando la gran messe di circolari attuative dell'Agenzia delle entrate che – con oltre mille pagine in diverse tornate: proprio così, più di mille – daranno di volta in volta e di mese in mese più puntuale attuazione al decreto del luglio 2006. Su conti correnti, bonifici, assegni, al fisco viene data piena facoltà di spionaggio, scompare il segreto bancario e al suo posto fa capolino un assai più tenue «riserbo», con ogni operazione bancaria identificata con un apposito codice per confluire in un'unica banca dati, e tutti gli operatori finanziari costretti a evidenziare il codice fiscale per qualunque operazione extra-conto, anche se con il cliente non c'è un rapporto già formalizzato. Vien da gridare viva l'Austria, dove il segreto bancario è garantito dalla normativa che può essere cambiata solo da una maggioranza parlamentare dei due terzi, ben al di sopra di quella prevista per le altre leggi federali, e con la prescrizione che il segreto possa cadere solo nei processi penali, mentre in tutti quelli civili le banche possono astenersi dal testimoniare.

Giocoforza, alla batteria di aggravi a trecentossessanta gradi, categorie come Confesercenti e Confcommercio hanno reagito con durezza. Perché non bisogna dimenticare che gli studi di settore per autonomi e professionisti in questi anni sono stati aggiornati proprio sulla base di criteri maggiormente induttivi, per evitare elusioni, ed è abbastanza singolare che lo Stato riannunci ogni anno un loro sistematico incrudimento, visto che significa compromettere la certezza sulle aspettative per milioni di operatori. Anche perché Visco ha già proceduto, appena entrato in carica, ad abrogare con un tratto di penna il quadro triennale concordato di reddito atteso e relative imposte per lo Stato, che aveva costituito per autonomi e professionisti la base del nuovo patto in nome del quale procedere alla revisione degli studi di settore. Invece, con la finanziaria verranno 3 miliardi di nuove entrate aggiuntive decise a tavolino.

È capitato al ministro del Lavoro, Cesare Damiano, di commentare tali reazioni delle categorie in una sua intervista a «Repubblica». «Dobbiamo conquistare quella parte di elettorato che ha votato per il centrodestra», ha detto. Dove «conquistarla» può essere inteso in molti modi, naturalmente. Non solo sedurla con le lusinghe: anzi, volesse il cielo. Il rischio è invece che la conquista avvenga passandola idealmente a fil di spada, colpendola nel portafoglio, nei beni e nelle attività che realizzano attraverso la libera impresa e professione, rispetto all'universo del lavoro dipendente che paga attraverso il sostituto d'imposta e non può protestare. È questa «conquista», il vero obiettivo politico?

All'intensificarsi delle dichiarazioni di Visco man mano che si avvicinava la finanziaria, su temi come il sistematico potenziamento dell'anagrafe fiscale fatta «per contribuenti» e non più «per imposta», l'inasprimento degli studi di settore per autonomi e professionisti, il rialzo verso il 20% delle aliquote su compravendite azionarie e obbligazionarie, l'imposta di successione per «grandi patrimoni», non mancarono di intervenire alcuni osservatori, tra i più pacati e fattuali, che pure avevano sostenuto il centrosinistra, dunque insospettabili di equiparare Visco a Nosferatu. Per esempio, Francesco Giavazzi e Tito Boeri. Il primo, ragionando su una finanziaria volta ad aggredire davvero l'inefficienza di una spesa pubblica tanto elevata, ha osservato che alla luce dei recenti andamenti mondiali – la frenata della produttività e della crescita americana, la gelata che da giugno 2006 sembrava tornare a gravare su produzione industriale e indici di fiducia del Paese leader dell'UE, la Germania – le imposte in Italia bisognava diminuirle e non alzarle, visto che siamo alle prese con ordinamenti competitivi ad aliquota marginale più bassa della nostra, su persone fisiche e imprese. Boeri, stratigrafia dell'occupazione italiana alla mano, ha rilevato che l'effetto di un «giro di vite» tanto enfatizzato sui lavoratori autonomi avrebbe esercitato effetti evidenti, ma sin qui sottaciuti. L'ennesima revisione al rialzo dei criteri fiscali presuntivi di settore vedrebbe infatti gli studi professionali ricalcolare le soglie presuntive di produzione da non superare, per non far scattare «troppo in su» rispetto a oggi il reddito dichiarato. Al contrario, di fronte a una campagna dura improntata al «paghi chi deve» sarebbero probabilmente alcuni milioni – tra i 2 e 3 – di lavoratori dipendenti a basso reddito e pensionati, che attualmente svolgono doppi e magari tripli lavori «fisco-esenti» o «fisco-mascherati», i primi a ridurre sostanzialmente o del tutto le proprie attività, contando su integrazioni di reddito del proprio nucleo familiare.

Il ragionamento di Boeri non è solo pienamente fondato, poiché il mendacio evidente dell'anagrafe tributaria non vede affatto nei soli professionisti o commercianti gli evasori incalliti. Ha anche un'altra caratteristica: sottolinea in maniera concreta e senza polemica che effetti inintenzionali si manifesterebbero appieno anche nella stessa base politico-sociale che l'Unione considera non solo storicamente acquisita – nelle Regioni «rosse» – ma altresì la sostenitrice ideale più convinta della «svolta antievasione» di Visco. Effetti inintenzionali che inducono osservatori «terzi» come Giuseppe De Rita a concludere che si è trattato di un grave errore: con una crescita italiana che stenta a rafforzarsi e rischia di rifrenare, converrebbe puntare a una «complicità dei ceti» invece di predicare la guerra fiscale e di incitare alla delazione di chi non paga. Sul fisco – come troppe volte è avvenuto dalla riforma di trentatré anni fa sino a oggi – si tende a ragionare spesso più ideologicamente che sulla base di una vera e approfondita conoscenza della realtà economica del Paese, di come mantenerla e rilanciarla invece di minarne le basi. In un Paese in cui il prelievo fiscale è cresciuto dal 1970 a metà degli anni Novanta di ben 27 punti percentuali di PIL attestandosi allora al 45% , e che oggi ancora risale oltre il 43% mentre le economie che «tirano» lo hanno di molto più basso, il problema italiano è quello di una minor spesa pubblica, non di un maggior prelievo. L'evasione è figlia di più alte aliquote marginali, non di una maggior predisposizione genetica degli italiani all'illegalità.

Ma il ministro Tommaso Padoa-Schioppa reagì malissimo alle critiche di Francesco Giavazzi, con una sorta di lettera-circolare di rampogne personali inviata però non a lui ma a una riservata cerchia di amici. Singolare maniera di rispondere a una critica aperta e liberale. Sull'«Unità» Paolo Leon difese a spada tratta il ministro, strettamente allineato alla tesi secondo la quale sarebbe «una vecchia favola che al ridursi delle aliquote aumenti il gettito fiscale», nonché che la *flat tax* sia «un cavallo di battaglia della destra e di qualche economista al confine tra centro e destra», mentre solo la netta progressività dell'imposta coinciderebbe con la difesa della democrazia e del Welfare State. Ma dall'altra parte una studiosa meno «politicizzata» come la professoressa Silvia Giannini – pure chiamata a delicati incarichi da Visco – sul «Sole» si espresse in termini assai più equilibrati, riconoscendo che «sistemi di *flat rate* possano essere più adeguati per fronteggiare problemi di elusione, anche se occorre molta cautela», e ammettendo che «certamente il livello delle aliquote può influire sul tasso di adesione dei contribuenti alle regole fiscali», pur se – tanto per mettere un po' le mani avanti – «il legame non è così chiaro».

Proprio la forbice teorica e politica che sussiste tra le due posizioni conferma che nel dibattito sul fisco in vista della finanziaria i riformisti hanno perso seccamente. Dove per «riformisti», a questo proposito, non s'intende chi sia iscritto alla Margherita o ai DS piuttosto che a Rifondazione o al PDCI, ma chi in materia fiscale risponda a due caratteristiche. La prima è quella di conoscere davvero l'esperienza e le serie storiche dei sistemi fiscali comparati, per trarne dati oggettivi e non vulgate ideologiche. La seconda è di avere e offrire riferimenti reali, quanto alla concreta stratigrafia dei redditi italiani, delle tipologie di occupati e imprese, sia rispetto all'incrociarsi di redditi diversi per soglia di aliquota, sia per ripartizione territoriale e di addetti.

Sul primo terreno, non bisogna per forza aderire alle tesi di Adam Smith e Federico Bastiat, per i quali le spese pubbliche servono solo a creare precondizioni per lo svolgimento delle attività economiche e dunque il fisco deve essere il più possibile neutrale e non distorcente-interventista sia pure a fini redistributivi, per riconoscere che l'aumento del gettito al ridursi delle aliquote non è affatto «una favola» e che in effetti tra livello delle aliquote e tasso di *compliance* fiscale vi sia quel legame di cui parlava Silvia Giannini. Ogni qualvolta la riduzione delle aliquote marginali è stata decisa, concentrata nel tempo, e comunicata al mercato come non reversibile in tempi brevi, sempre – come abbiamo visto – l'effetto è stato aumento del gettito ed emersione d'imponibile. Decisi tagli alle tasse non solo fanno crescere di più nel breve chi li pratica concentrati nel tempo, come è avvenuto ad esempio per l'Irlanda, ma nel medio-lungo periodo ampliano la platea fiscale e fanno emergere imponibile nascosto. Altro che lotta agli evasori con le manette.

A dividere l'impostazione fiscale progressiva da quella riformista è la nozione stessa dell'entità da colpire. L'impostazione tradizionale mira al reddito come entrata e prodotto netto, quella riformista dovrebbe sempre più puntare a una nozione classica che ci ha insegnato Luigi Einaudi, e cioè al consumo. Per il grande economista liberale italiano, il consumo era la vera nozione di reddito da tassare, evidentemente progressiva in quanto proporzionale alle disponibilità, con un'imposizione automaticamente volta a non disincentivare sul versante dell'offerta produzione e investimenti. Non è un caso, che negli USA in questi anni l'idea di sostituire pressoché integralmente la nozione stessa di imposizione sui redditi con un'imposta generale sui consumi prenda piede non solo tra i conservatori, ma anche tra i *liberal*. Ai tempi di Einaudi, in economie nazionali chiuse, era un'idea anticipatrice. Ma oggi, nel mondo interconnesso in cui la competitività tra ordinamenti fiscali deve cercare di scremare il meno possibile tra flussi finanziari che ci sono più che mai necessari per la nostra crescita flebile, l'idea di Einaudi dovrebbe davvero costituire il punto di riferimento di una sinistra «per la crescita di mercato», invece che «per la redistribuzione ad alta evasione».

Quanto tali tesi siano tutt'altro che elucubrazioni di pazzi fanatici di destra, ma solida traccia di ricerca sulla quale si misurano centinaia di ricercatori nel mondo, lo provano decine e decine di studi facilmente scaricabili on line dal megasito del Social Science Research Network. Ne cito solo alcuni. *Can Tax Evasion Tame Leviathan Governments?* È la domanda che si pongono due economisti dell'Università di San Gallo, Jorg Baumberger e Frode Brevik: leggete i dati, la risposta è sì, l'evasione e l'elusione davanti ad alte aliquote hanno piegato nella storia molti governi interventisti. Oppure leggete *The Tax System Incidence on Unemployment: a Country Specific Analysis for the* OECD *Economies*, di Garcia Martinez dell'Università di Valencia ed Hector Sala dell'Università Autonoma di Barcellona: la risposta è sì, c'è una correlazione diretta ed evidente tra le alte aliquote e la maggior disoccupazione.

Sull'ultimo punto, quello della conoscenza reale del Paese al quale si intendono applicare solo le strategie «paghi chi deve» e non anche riduzioni delle aliquote, consiglio a tutti *Un nuovo ciclo del sommerso*, uno studio del CENSIS. Fa giustizia di ogni ipotesi di contribuenti «buoni» da una parte contro «cattivi» dall'altra. L'evasione maggiore nei servizi è in quelli a basso valore aggiunto, dai servizi domestici all'assistenza alla persona, e la microevasione fiscale e contributiva è indicata in crescita dal 48,5% del campione. La segmentazione territoriale vede ancora il Sud persistere molto più «evasivo», ma se ne modificano a fondo le tipologie, con un'esplosione dell'evasione da parte di imprese create da immigrati. Ma nell'Umbria «rossa» il peso del sommerso «strutturale» – cioè non ciclico, quello volto a fronteggiare pure contrazioni della domanda – sull'economia locale attribuito dagli osservatori tocca ben il 55%, come nel Lazio e anche in Toscana è di 5 punti superiore alla Lombardia. Insomma una cosa è annunciare maggiori controlli sulle società di capitali, che in percentuale molto alta non dichiarano utile o vantano crediti fiscali. Altra è una dichiarazione di guerra fiscale all'Italia per quella che è, cosa che comporterebbe espulsione immediata da attività di lavoro di moltissime migliaia di unità, prima che ipotetico maggior gettito. Sicuramente, non maggior crescita.

L'assalto finale

A ormai poche ore dal varo della legge finanziaria per il 2007, era chiaro che la verità stava tutta in parole come quelle pronunciate dal sottosegretario all'Economia, Alfiero Grandi, che da diessino di tosta formazione sindacale badava al sodo: «Sicuramente è sul lato delle entrate che esiste una pressione per avere il massimo possibile». Le proteste e le resistenze di sindacati, maggioranza ed Enti locali infatti restavano altissime, ed era passata invano l'estate che era stata annunciata come interamente dedicata a lentamente far ruminare i tagli di spesa fino alla loro accettazione da parte di tutti i soggetti della concertazione alla quale tanto tiene il governo.

Sul contratto del pubblico impiego, i sindacati erano fermi nella richiesta di almeno 3 miliardi di euro in più rispetto a ciò che il governo è disposto a dare. Verranno con la firma del rinnovo dell'intesa di massima per il nuovo del contratto, tre mesi dopo l'approvazione della finanziaria in cui Padoa-Schioppa sino alla fine iscrive solo per la bisogna 800 milioni di euro per il 2007 e 1,2 miliardi per il 2008. Ma capitolerà 90 giorni dopo. Da misure-propaganda come il taglio del 10% dei dirigenti ministeriali non deriverà quasi nulla, e il taglio dell'1% su acquisti e consumi intermedi della pubblica amministrazione centrale vale si è no 400 milioni di euro. Con il non troppo tacito consenso dello stesso ministro, il margheritico Giuseppe Fioroni, i sindacati della scuola sono pronti allo sciopero generale per chiedere la regolarizzazione di oltre 130.000 precari, nuove assunzioni a tempo indeterminato oltre ai 970.000 docenti attuali, dimenticando che abbiamo il maggior rapporto tra insegnanti e studenti nei Paesi OCSE per la più bassa performance di titoli conseguiti e qualità della preparazione, secondo tutti i test internazionali. Lo otterranno anch'essi. Il numero di precari «stabilizzati» complessivamente, cioè assunti a tempo indeterminato, in finanziaria sarà cifrato in 200.000 unità. Nella sanità si è raggiunto un accordo tra governo e Regioni spacciato come foriero di riduzioni di spesa per 3 miliardi, ma in realtà la stabilizzazione dei livelli di spesa comincia naturalmente solo dal 2008, perché intanto nel 2007 l'esborso previsto è di 6 miliardi di euro oltre i 97 e rotti del 2006. Nella previdenza, mesi e mesi di chiacchiere a vuoto hanno ottenuto solo l'effetto di accelerare la fuga verso il pensionamento di migliaia di italiani man mano che maturavano il requisito, per timore che venisse loro annullato il diritto da un giorno all'altro, ma in finanziaria non ci sarà la riforma preannunciata dello «scalone» della riforma Maroni né tanto meno un innalzamento per il tetto previsto di pensioni di anzianità: viene firmato un memorandum per il quale l'intesa relativa verrà definita entro il 31 marzo 2007, termine che naturalmente trascorre senza che avvenga nulla, visto che si avvicinano le amministrative. E quanto al miracolistico accorpamento di INPS, INPDAP, INPOST, ENPALS e IPSEMA nel nuovo mega-ente previdenziale IPU, guidato da un commissario straordinario e due vice, i sindacati appena apprendono dell'idea scendono sul piede di guerra. Quanto infine ai trasferimenti agli Enti locali, l'accordo sui livelli di debito concede loro di accrescere in un triennio per combinato disposto di oltre il 12% quel che risulta abbiano in essere a fine 2006.

Altro che 20 miliardi di euro di spesa in meno, che Padoa-Schioppa aveva annunciato per l'intera estate. Ancora al momento della prima presentazione della finanziaria, il ministro annuncia che essa dispone minori spese per 17 miliardi di euro e maggiori entrate per circa 13 miliardi. Ma settimana dopo settimana, e riscrittura dopo riscrittura sino a quella finale alla Camera il 20 novembre, e alla versione ultimativa in oltre 1300 commi votati in Senato a fine anno, appare sempre più chiaro che è sulle maggiori imposte e tasse che grava per tre quarti l'impianto della finanziaria del governo Prodi. L'onesto e preciso Fernando Targetti, diessino che di numeri ne mastica, scriverà sull'«Unità» del 6 novembre 2006 che per effetto della finanziaria 2007 la spesa si ridurrà al più di 3 miliardi di euro, mentre le entrate aggiuntive saranno almeno pari a 17 miliardi. Anzi, a 23, visto che bisogna aggiungere i 6 miliardi di euro provenienti dallo «scippo» del TFR, che però costituirà un debito dello Stato verso i lavoratori.

Chi c'è nel mirino del centrosinistra, chi sono i Creso dai forzieri dorati da cui l'Unione si propone di estrarre quel grasso e quell'oro sin qui da loro torbidamente negato all'altare della sacrosanta solidarietà sociale? In cima alla lista vi sono naturalmente i quattro milioni di lavoratori autonomi, professionisti, artigiani e commercianti, che si vedranno – e lo sapranno soltanto a norme scritte e depositate, per loro il «concerto» non vale – salassati con studi di settore energicamente appesantiti per 3 miliardi di euro, e con l'innalzamento di diversi punti dei contributi dei lavoratori autonomi e parasubordinati, rispetto al 17,9% attuale: più basso del 32% che grava sui lavoratori dipendenti per il semplice fatto che quest'ultimi si giovano di un contratto di assicurazione sulla testa rappresentato dalla propria illicenziabilità, mentre gli autonomi rischiano in proprio e già oggi con la loro aliquota garantiscono un saldo attivo di quasi 7 miliardi all'INPS. Ma niente, bisogna bastonarli. A tali «nemici del popolo», si aggiungono i 560.000 contribuenti italiani che – sul totale dei 40.580.000 di cui disponiamo le ripartizioni per classe di reddito relativo alle dichiarazioni presentate nel 2004 – hanno compiuto l'indicibile peccato di realizzare un reddito superiore ai 70.000 euro l'anno. La riforma Tremonti incompiuta, che, in attesa di applicare il 33% di aliquota ai soli redditi superiori ai 100.000 euro, tassava ancora al 39% coloro che superavano i 70.000, vede Visco innalzare di 4 punti l'aliquota, al 43% per quasi 600.000

«nemici di classe». Sommati al popolo delle partite IVA e degli autonomi, si tratta di poco meno di un quarto sul totale dei 23 milioni di lavoratori italiani. È su questo «quarto d'Italia», che graverà il salasso: anche se a esser giusti bisogna ricordare poi che non sarà tutto, perché il ritocco degli estimi catastali potrebbe riguardare, sia pure in proporzioni diverse, il 90% degli italiani, e bisognerà poi vedere quali criteri di reddito Regioni e Comuni seguiranno, per gli aggravi delle quote parte di IRE e IRAP che il governo riconosce loro per il 2007. Quando si scoprirà dopo poche settimane che la nuova curva delle nuovamente tornate 5 aliquote IRPEF, intrecciata all'effetto cumulato delle reintrodotte detrazioni d'imposta – preferite in quanto naturalmente più «progressive» delle deduzioni d'imponibile introdotte dal centrodestra – non comporta affatto aggravi solo per i redditi superiori ai 40.000 euro, come il governo ripete per il primo mese di esame parlamentare, ma che al contrario gli aggravi possono in concreto verificarsi anche per soglie intorno ai 25.000 euro quando non vi sono figli, ecco che il governo si impegna in due successive correzioni di fondo delle detrazioni, proprio concentrandosi sulla fascia tra i 25 e i 35.000 euro annui.

Qualche mese dopo l'approvazione della finanziaria, per primi i capi dei sindacati confederali inizieranno a riconoscere che l'effetto sulle buste paga dei lavoratori di basso e medio reddito non è stato affatto quello aspettato, e che dunque l'impegno del governo non è mantenuto. Lo stesso farà qualche sindaco di sinistra tra i più noti, come Sergio Cofferati.

Il governo ha puntato al fatto che quella minoranza rappresentata dagli oltre 3 milioni di dipendenti pubblici, e da quel lavoratore su tre dipendente che è sindacalizzato nell'impresa privata medio-grande, constatasse tangibilmente il dividendo dell'affermazione elettorale della coalizione guidata da Romano Prodi. A costo anche che ciò avvenisse con minor crescita e maggior odio sociale, penalizzazione del merito individuale e della volontà di fare in proprio: tutti valori corrosivi dell'eguaglianza, in fondo, fondamenti del libero mercato e dei diritti individuali, non della collettività e dello Stato che la sinistra sacralizza. Quando si alzano le tasse, c'è sempre un filosofo platonico ed hegeliano al lavoro, dietro l'alchimia delle aliquote. Un nemico della libertà, convinto di agire in nome della «società dei migliori». Senonché, al governo è andata esattamente al contrario di quel che si prefiggeva. Settimana dopo settimana, durante il travagliato esame parlamentare della manovra che pezzo dopo pezzo ne faceva cadere le false impostazioni contabili dichiarate all'inizio, la reazione dell'opinione pubblica ha preso a volgere sempre più sdegnosamente e recisamente le spalle al governo Prodi, che proprio a luglio 2006 in occasione del decreto Visco-Bersani aveva toccato il suo punto di consenso più alto.

Da allora, per il governo Prodi è iniziato il calvario nei sondaggi. Prima cinque, poi dieci, poi quindici, poi diciotto punti persi nelle graduatorie di fiducia. Sulle tasse e per le tasse, non ci si può sbagliare. Perché gli italiani forse protestano fiscalmente assai meno degli anglosassoni, ma ne hanno le tasche piene di essere tartassati e additati per di più come malfattori e omertosi incalliti.

Mentre il rapporto con l'elettorato iniziava a precipitare, ecco che sempre più numerose firme di editorialisti e osservatori notoriamente vicini alla sinistra scrivono che la finanziaria tutta-tasse è sicuramente un errore. Persino Luigi Spaventa, colui che nel 1994 l'Ulivo aveva scelto come candidato da contrapporre a Berlusconi nel collegio di Roma centro, e che già aveva definito il DPEF di Padoa-Schioppa come una *mission impossible*. La finanziaria delle cento nuove tasse, contributi e adempimenti segna un punto di oggettivo non ritorno, nel rapporto tra Prodi e il Paese. Quando poi, poche settimane dopo la sua approvazione, verrà ufficializzato che il deficit 2006 è la metà – al 2,4% del PIL, al netto di poste patrimoniali straordinarie – di quanto prediceva il Centro studi NENS di Visco e Bersani ancora dopo aver vinto le elezioni, e che ciò si deve a un gettito tributario cresciuto quasi dell'8% su base annua, con oltre 37 miliardi di euro in più rispetto al 2005, dei quali ancora 25 non venivano contabilizzati nell'ultimo aggiornamento contabile della versione ultimativa della finanziaria 2007 redatta a dicembre 2006 in Senato, quando per undici dodicesimi il dato delle entrate 2006 era già noto anche se il governo si ostinava a non tenerne conto, la somma di forzature attuate sulla contabilità nazionale apparirà di tale portata e tanto difficilmente giustificabile – sarebbe bastata una finanziaria di soli 12 miliardi di euro, invece di una che ne comporterà quasi 20 solo di nuove entrate – che anche nei mesi a seguire sarà sempre più difficile, per l'opinione pubblica italiana, fidarsi di Prodi sui numeri della finanza pubblica.

IV

L'evasore, millantato nemico

Ma chi è poi per davvero il Grande Nemico che a parole regge l'intero impianto della finanziaria tutta-tasse del governo Prodi? È davvero il bandito spregiatore del consorzio civile, il guicciardiniano cultore del *particulare* che da sempre si associa al carattere più deteriore dell'italiano, alieno ad ogni adesione alla rete istituzionale pubblica e ai superiori doveri di civismo che ne sono obbligata tessera d'iscrizione e strumento insieme di remunerazione? Insomma, chi è per davvero, l'evasore fiscale italiano?

Vi sono almeno due modi per impostare tale dilemma. Il primo è quello «eticista», che va per la maggiore in Italia. La lotta all'evasione fiscale è la cantilena ossessiva dell'attuale maggioranza. È con la sua quotidiana invocazione, che il centrosinistra e il governo Prodi hanno prima accusato il governo e la maggioranza che li ha preceduti di essere amici degli evasori. Poi di aver perciò disastrato il bilancio pubblico, che secondo loro ancora mesi dopo la formazione del governo Prodi avrebbe superato il 5% del PIL di deficit. Il secondo metodo, al contrario, rifiuta come impropria, alla luce di studi economici comparati, l'associazione ai soli italiani di una tara che non è nient'affatto loro peculiare. E parte, di conseguenza, da un'altra serie di interrogativi. Com'è possibile che in un Paese in cui le amministrazioni pubbliche pesano con le loro entrate per una quota pari al 46% del totale del PIL (dato relativo al 2006, riportato nell'ultima trimestrale di cassa predisposta dal ministero dell'Economia a marzo 2007) non si riesca a impostare un dibattito serio sull'eccesso di pressione fiscale? Che cosa spiega davvero il fatto che al governo attuale sia in realtà del tutto riuscita un'operazione di ingente aumento della pressione fiscale, che crescerà quasi di due punti percentuali del PIL nel 2006-2007 fino a riportarci ai livelli record del 1997 se non oltre, senza doversi scontrare con una ragionata opposizione da parte dell'accademia economica italiana, dei rappresentanti delle imprese e del mondo produttivo, ma limitandosi invece a far spallucce alla massiccia manifestazione di piazza organizzata dall'opposizione di centrodestra a Roma lo scorso 2 dicembre? In altre parole: come mai il nostro Paese non riesce a far propria, in maniera equilibrata e condivisa, quell'agenda di riduzione della pressione fiscale a fronte di maggior efficienza e revisione degli stessi fini fondamentali delle politiche pubbliche, che invece innerva da un quindicennio l'intera area dell'OCSE, dopo che negli anni Ottanta furono Ronald Reagan e Margaret Thatcher a imporla nei loro Paesi e a coglierne il dividendo, in termini di maggior crescita e consensi elettorali?

Una buona risposta viene da uno studio elaborato da due studiosi e pubblicato nella serie dei Temi di discussione dell'Ufficio Studi della Banca d'Italia. Si chiamano Luigi Cannari e Giovanni D'Alessio, e il titolo della ricerca – *Le opinioni degli italiani sull'evasione fiscale* – è valso solo a qualche stringata recensione nelle pagine economiche dei media, riportata sotto titoletti del tipo «per gli italiani evadere è meno grave». Col che si ricade in pieno in quella temperie di riprovazione eticista che ha in realtà costituito l'argomento essenziale della riuscita campagna del centrosinistra. Ma non si fa un passo avanti nella comprensione del problema, a meno di ritenere che il nostro Paese sconti una tara atavica di minor morale pubblica: convinzione sempre ben presente da secoli nella letteratura politica dell'Italia moderna. Al contrario, una lettura approfondita del paper dei due economisti di Bankitalia consente di mettere a fuoco alcune determinanti assai diverse della questione.

Cannari e D'Alessio perseguono tre obiettivi. Esaminare l'atteggiamento degli italiani di fronte all'evasione, sulla base di un sottoinsieme del campione dell'indagine della Banca d'Italia su reddito e patrimonio delle famiglie, costituito da 3796 capifamiglia. Elaborare un indicatore sintetico della propensione ad evadere. Realizzare un esame comparato delle conclusioni alle quali si perviene nei due punti precedenti, rispetto al passato italiano e nei confronti degli altri Paesi. Riepiloghiamo brevemente le risultanze della loro ricerca, e poi riconsideriamoli criticamente dal «nostro» punto di vista. Quanto all'atteggiamento nei confronti dell'evasione, il limite – riconosciuto dagli autori – del metodo d'indagine nell'ambito del campione-famiglie Bankitalia è quello di rivolgere domande molto «indirette», per evitare di apparire interessati ad accertare l'evasione praticata dalle stesse famiglie interloquite. Dalle risposte del 2004, paragonate a quelle del 1992, se ne deduce che gli italiani secondo i quali l'evasione fiscale è un problema gravissimo sono scesi dal 37,9% al 30,3%, mentre quelli per i quali l'evasione fiscale è un problema tra i tanti sono aumentati, dal 14,3% al

20%. Al contempo, è enormemente cresciuta la fetta di italiani che allo Stato chiede «molto», cioè il maggior numero di servizi pubblici non secondo criteri mercatistici, e anche se il livello di tassazione dovesse risultare in conseguenza molto elevato: sono passati dal 23,4% del 1992 al 39,8% del 2004. Al contempo ancora, richiesti di quanti siano i contribuenti complessivi che a loro giudizio presentano dichiarazioni infedeli, la valutazione è altissima, l'84% è la loro risposta, e siamo secondi solo all'87% stimato dai greci. E ancora – altra contraddizione – gli italiani pensano però che tra il 1992 e il 2004 sia aumentata l'efficacia del recupero dell'evasione, visto che dodici anni prima stimavano una perdita media per il gettito tributario pari al 34%, mentre dodici anni dopo la stima media di tutto il campione di intervistati si era abbassata al 27%.

Ciò che colpisce, nella valutazione fatta dai due studiosi, è che nelle loro chiose passa assolutamente in secondo piano il dato che attesta una convinzione degli italiani del miglioramento complessivo – e non del peggioramento – della *tax compliance* verificatosi tra gli anni Novanta e i primi tre anni di governo Berlusconi. Al contrario, Cannari e D'Alessio sottolineano che giudizi come quelli per i quali l'evasione elevata viene giustificata dagli intervistati in ragione delle aliquote troppo alte, dell'eccesso e dell'onerosità di adempimenti tributari, e della necessità di finanziare attività pubbliche «inutili» o clientelari – le giustificazioni cioè comunemente accettate e sostenute dagli antistatalisti, che hanno indotto tutti i Paesi OCSE ad abbassare in media da quindici anni a questa parte le aliquote e a semplificare gli adempimenti – sono più diffusi nel Sud, nelle Isole e tra i lavoratori indipendenti. Tale lettura spiega esattamente l'indicatore sintetico messo a punto dai due studiosi per quanto riguarda la propensione a evadere delle famiglie italiane. La tendenza, a loro giudizio, è più elevata tra i lavoratori indipendenti e, tra i dipendenti, tra chi ha più basse qualifiche e titoli di studio meno elevati. Un criterio ancora una volta «eticista» – se mi si passa il termine – che convalida ciò che nel dibattito pubblico italiano risulta uno dei più inossidabili luoghi comuni in materia, e cioè che sia il basso civismo a determinare una bassa *tax morale*, e non la meglio diffusa percezione delle inefficienze della macchina pubblica e delle pretese dello Stato, a radicare una bassa *tax compliance*. Con tale impostazione, la lotta all'evasione finisce per identificarsi con la lotta per la diffusione della cosiddetta «cultura della legalità», cioè attraverso un appesantimento delle sanzioni, degli obblighi sul contribuente, della pervasività dei controlli. È ciò che abbiamo appunto visto potentemente in atto dacché il governo Prodi ha emesso il primo decreto Visco in materia fiscale, nel luglio 2006, e poi in finanziaria.

Con risultati, però, che a ben vedere sono ancora una volta paradossali. Che cosa bisogna pensare di questo mantra tanto insistito, quando i dati rivelano che si tratta di una pietosa ed evidente menzogna? È lapalissiano, dopo i dati resi noti dal comando generale della Guardia di finanza. Avviene infatti che, malgrado tutta la maggior enfasi in materia di sacra lotta all'evasione, nel 2006 l'ammontare di risorse evase al fisco accertate dalla Guardia di finanza sia stato di 16,8 miliardi di euro, mentre nell'ultimo anno del «famigerato» ministro Tremonti l'ammontare accertato è stato ben superiore, 19,4 miliardi. E anche gli evasori totali accertati, sono stati meno nel 2006 che nel 2005, 7288 rispetto a 7613. Tutto ciò, malgrado un aumento dei controlli del 14% l'anno scorso, che crescerà di altrettanto nel 2007. Traduciamo in parole semplici. I controlli potenziati del 30%, in termini di numero e funzionari pubblici addetti a inseguire come mastini gli affari di tutte le imprese e i privati cittadini, hanno un costo ovviamente proporzionalmente più rilevante che in passato. Ciò malgrado, sotto la sinistra giustizial-fiscalista, si beccano meno evasori di prima e si restituiscono allo Stato meno risorse sottratte all'erario. Con Tremonti, l'evasore tremava di più, con Visco gode. Sembra un paradosso. Ma non lo è affatto. Chi pensa alle manette, vuole solo mettere nuovo fieno in cascina nelle casse pubbliche, accusando i cittadini e le imprese di essere meno civili dello Stato oppressore in cui crede. È per questo che paradossalmente Visco, facendo la faccia feroce, non solo ci rapina più euro dalle tasche, ma fa emergere e castiga pure meno evasori, rispetto a chi semplificava il sistema, abbassava le aliquote e al contempo nella finanziaria 2006 introduceva norme più severe ma insieme di contabilità semplificata per evitare l'elusione nelle SRL, nonché per combattere l'elusione invece praticata nelle società di capitali con catene all'estero.

A fronte di tutto ciò, Vincenzo Visco continua a dichiarare che a lui tocca invece trasformare il prelievo in una battaglia campale di giustizia politica, prima ancora che di leva per la crescita piuttosto che per la deflazione, come inevitabilmente avviene ogni volta che si alza la pressione fiscale. Visco dichiara la propria intenzione di recuperare ben 13 miliardi di euro di gettito evaso ed eluso, come proporsi – da solo – l'equivalente di alcune delle finanziarie dei primi anni Duemila. Un compito titanico. In sé e per sé, tale da strappare applausi. Ma il diavolo si annida nei particolari. Gli scettici liberisti, quali noi siamo, avvertono immediatamente nell'annuncio un triplice ordine di problemi, per i quali la lode all'intenzione del Grande Inquisitore delle Tasse deve poi cedere il passo a un ragionato argomentare di che cosa Visco proponga in concreto. Per poi giungere a conclusioni assai diverse dal battimani esasperato che dalla stampa amica dell'Unione si leva subito alla grande battaglia del Piave contro gli evasori.

C'è un problema di cornice. C'è un problema di strumenti. Infine, c'è un equivoco di fondo. Andiamo per ordine. E partiamo dalla cornice. C'è una monumentale mole di studi internazionali comparati, in materia di scienza delle finanze, a proposito delle più efficaci strategie da seguire nei Paesi di certificata bassa *compliance* fiscale, cioè di bassa adesione spontanea al rispetto dell'ordinamento tributario. Fuori dai tecnicismi – dunque andando un po' troppo per le spicce, ci scuseranno i professori ma qui si parla a lettori comuni – diciamo che ci sono due approcci molto diversi.

Il primo punta sul lungo periodo, e si dimostra abitualmente di una certa efficacia solo a patto che al governo per parecchi anni si susseguano esecutivi in grado di lavorare su riforme economiche capaci di alzare agli occhi del contribuente il livello di beneficio che si ottiene dalla macchina pubblica, in cambio di imposte veramente versate, invece che evase o eluse. In Paesi in cui l'unificazione è recente e l'odiosità dello Stato – dalla tassa del macinato al prelievo straordinario sui conti correnti deliberato da Giuliano Amato nel 1992 – un fenomeno ricorrente, è una strada che si raccomanda molto, ma certo non dà risultati se non nel lungo periodo. E, appunto, abbassando la spesa pubblica: cosa di cui oggi non c'è traccia.

La seconda strada, invece, è quella intrapresa da governi che – al di là dei mutamenti di medio periodo – puntino a risultati concreti in pochi anni. Esattamente come Visco annuncia in questa fase. Orbene, in quel caso la letteratura e la concreta esperienza di Paesi che vi hanno tentato – in America Latina e nell'Est europeo del dopo muro, per esempio – dimostrano che gli effetti si ottengono soprattutto in due grandi casi. O se l'inasprimento, anche molto forte, degli accertamenti e delle sanzioni fiscali viene deliberato nel quadro di una riforma generale del sistema impositivo, sia per le persone fisiche che giuridiche, in maniera tale che sia la convenienza del nuovo sistema a far emergere base imponibile, «invogliando» i contribuenti a un rispetto delle nuove regole maggiore di quello riservato alle precedenti. E in tal caso non si scappa, significa che il giro di vite deve avvenire in concomitanza con una diminuzione generale delle aliquote del prelievo, dalle quali – come si vede nel gettito 2006, spettacolarmente eccedente di oltre 37 miliardi di euro sul 2005, per effetto della strategia seguita da Tremonti – il prelievo risulta accresciuto. Ma, ancora una volta, non è il caso di Visco. Oppure, infine, l'indurimento della caccia agli evasori deve avvenire insieme all'assunzione di misure premiali per il passato: ma sì, i famigerati «condoni» che Visco odia fortissimamente e con ottime ragioni, perché assunti senza riforme danno ai contribuenti solo l'idea che pagare le tasse non conviene, perché la si potrà sempre far franca con un condoncino prossimo venturo. Pur se, in periodi di bassa congiuntura economica, i condoni possono anche servire a reperire risorse per i saldi pubblici senza aggravare le imposte a chi le paga: hanno cioè un effetto antirecessivo, ed è esattamente per questo che Tremonti talora nei suoi anni vi ha fatto ricorso.

Come si vede, oggi non si presenta nessuna delle cornici ideali grazie alle quali la lotta agli evasori risulta avere nell'esperienza concreta le maggiori possibilità di non tradursi in pura persecuzione e facile campagna di odio sociale.

Ma c'è poi un secondo problema: quello degli strumenti usati per fare la faccia feroce contro i furbi del fisco. Perché la strategia invogli all'emersione – con gli incentivi alla convenienza si ottiene invariabilmente di più che con le misure repressive – occorre che le procedure deliberate dall'autorità tributaria portino il segno della semplificazione, non dell'aggravamento, della complicazione e della persecuzione. Basta scorrere l'elenco delle 55 misure promosse dal governo in finanziaria 2007 a tal fine, per avere un'infinità di esempi di segno contrario. Il mutuo erogato come soglia minima del valore normale dell'IVA immobiliare; le nuove procedure generali sugli autocarri strumentali d'impresa, per impedire che siano in realtà macchine di lusso travestite; il ripristino degli elenchi clienti e fornitori; l'obbligo di nuove scritture contabili per gli agenti immobiliari; il nuovo conto bancario telematico che tutti i soggetti a partita IVA dovranno aprire; il blocco ai pagamenti superiore ai 10.000 euro per ogni creditore della pubblica amministrazione, prima dell'accertamento che non sia egli stesso un debitore fiscale; la mole di nuovi adempimenti sui condomini, che diventano sostituti d'imposta: si può continuare molto a lungo, ma in ognuno di questi casi la vita del contribuente è destinata a complicarsi maledettamente. Ed è l'esatto contrario di ciò che servirebbe per ottenere il risultato che ci si ripropone.

Infine, c'è poi in agguato l'equivoco di fondo, quello più grave. La mistificazione per la quale si spaccia come lotta all'elusione e all'evasione un semplice, netto e drastico aumento del prelievo, che con la lotta all'evasione non ha nulla a che fare. È così per gli studi di settore che vanno incontro a un aumento autoritativo dei coefficienti – visto che il gettito aggiuntivo è già previsto in finanziaria – per autonomi e professionisti. È così per l'inasprimento fiscale sugli immobili in *leasing*. È così per l'innalzamento al 20% dell'imposta sostitutiva sulle plusvalenze derivanti dalla cessione a titolo oneroso di fabbricati e di terreni suscettibili di utilizzazione edificatoria, acquistati o costruiti da non più di cinque anni. Anche in questo caso, si potrebbe continuare a lungo. Ma, a fare da sola la differenza, è la doppia maggior progressività che programmaticamente il governo ha introdotto nelle curve del prelievo e tramite le detrazioni al posto delle deduzioni, a rendere assai poco accattivante l'idea di uscire dal sommerso e dall'evasione. Senza contare che, in più, le addizionali locali che si annunciano su IRPEF e IRAP, quelle sono addirittura regressive.

Non è l'intenzione a far diffidare noi liberisti antistatalisti della battaglia del Piave intrapresa da Visco. Sono le sue modalità concrete, e il contesto in cui verrà combattuta, che fanno pensare all'ennesima strage dei poveri fantaccini innocenti del fisco, i contribuenti. Non solo tartassati, ma pure dipinti come criminali incalliti.

Ma torniamo poi ai numeri dati dalla Guardia di finanza. In realtà, le cifre che sembrano così drammatiche vanno invece sottoposte a un'analisi severa. Innanzitutto, che su decine di milioni di contribuenti, l'intero apparato di repressione mobilitato individui in un anno poco più di 7000 evasori totali, significa due sole cose. Da una parte, che abbiamo solide ragioni noi, che riteniamo l'evasione e l'elusione un fenomeno esteso nella società italiana non per una tara genetica di bassa fedeltà degli italiani allo Stato – fenomeno che storicamente è esistito, in ragione del modo in cui tardi e male è nato lo Stato unitario, ma che negli ultimi tre-quattro decenni si è di molto attenuato rispetto agli altri paesi OCSE, osservando le statistiche comparate – bensì per le elevate aliquote marginali che gravano sui diversi redditi, quelli delle persone fisiche come su quelli delle società. Quando l'elusione e l'evasione si devono a questo, non è con la faccia feroce e con la minaccia delle manette agli evasori che si ottiene un'emersione apprezzabile della base imponibile che resta occultata allo Stato: tanto è vero che si pescano al più qualche migliaio di sventurati l'anno, cioè una cifra che non è tale da scoraggiare chi è costretto a evadere, per restare comunque con qualche margine a disposizione per non veder compromessi i conti della propria famiglia o della propria impresa.

In seconda battuta, la cifra dei 7000 evasori totali piuttosto comprova un'iniquità ancor meno accettabile: e cioè che è appunto per qualche migliaio di evasori che bisogna obbligare milioni e milioni di contribuenti a pagare di più rispetto a ciò che già pagano sul proprio imponibile correttamente dichiarato. Con la finanziaria di Prodi, Padoa-Schioppa e Visco, si è proceduto esattamente così.

Quanto poi ai 16 miliardi di risorse evase e accertate, bisogna fare una tara obbligata. Nel migliore dei casi e in punta di pura teoria, con un'aliquota media del 33%, l'Erario potrebbe ricavarci al più 3 miliardi. Ma è errata anche tale nozione: perché dalle serie storiche degli anni alle nostre spalle è facilmente accertabile che nemmeno un decimo dei redditi evasi accertati vengono messi a ruolo dallo Stato, e solo dopo un tempo medio che varia tra i sette e i nove anni. Di conseguenza, dei 16 miliardi di redditi evasi ed accertati in dodici mesi dall'intero «Grande Fratello» potenziato del 30% a cavallo tra 2006 e 2007 da Visco e a costo di nuovi gravami e pesantissimi adempimenti per tutti i contribuenti, al più un miliardino scarso andrebbe a ruolo entro un decennio, e su quel miliardino la quota di effettivamente riscosso scende ulteriormente a un terzo. Ecco che cosa varrà tra un decennio un anno intero di apparato oppressivo: 300 milioni di euro di entrate. Era per questo che, nell'ultima finanziaria Tremonti, si prevedevano in 3 miliardi di euro i risultati di competenza delle nuove misure antievasione ed elusione assunte in finanziaria, con specifico riferimento alle società che operavano a cavallo tra Italia ed estero e con operazioni infragruppo. Ebbene la stessa finanziaria prevedeva prudenzialmente al massimo in soli 300 milioni l'effetto di minor fabbisogno. L'esatto opposto degli 8 miliardi di euro da lotta all'evasione che invece la finanziaria del governo Prodi considera «in cassa» a riduzione del deficit 2007.

Infine: tutti straparlano dell'evasione di massa degli italiani, ma in realtà le stime sono del tutto ipotetiche. Inaccettabilmente ipotetiche, per imbastirvi sopra una consimile leggenda nera nazionale. Quando Prodi intervenne a maggio con le sue dichiarazioni in Parlamento sulla fiducia al governo, sparò la cifra di 102 miliardi di euro tra imposte e contributi che restano nell'ombra. Ma è una stima discrezionalissima, fatta partendo dalla forbice di attività in nero stimate dall'ISTAT tra il 14,8 e il 16,7% del PIL, e applicando a questa cifra ipotetica la stessa aliquota media che grava sul PIL «ufficiale»: è ovvio però che la stima del PIL in nero sia del tutto congetturale, e che inoltre sia assolutamente velleitario immaginare che la composizione per settore, tipo di reddito e consumi del PIL sommerso sia eguale a quella del PIL emerso. L'IRPEF è progressiva, come è possibile immaginare quali aliquote marginali farebbe scattare il doppio lavoro non dichiarato? L'IRE sulle imprese invece è regressiva, dunque è facilissimo sovrastimare l'imposta che si suppone evasa. Ciò che nessuno tende a dire, tra i tassatori «etici», è che le stesse graduatorie OCSE dell'evasione attestano che la forbice a svantaggio dell'Italia è maggiore rispetto ai Paesi come il Regno Unito che stanno a molti punti di pressione fiscale inferiore alla nostra, mentre si riduce a meno di un terzo rispetto ai Paesi di grande pressione fiscale, come la Francia o la Germania. Da dove, infatti, i contribuenti ricchi e famosi scappano da anni. Eppure nessuno dice che Francia e Germania sono Paesi di grandi evasori. Al governo italiano e ai suoi tanti cantori fa comodo dirlo solo dell'Italia, per giustificare la sua falcidia fiscale.

V

Invertire la tendenza, si può e si deve

Consiglio a chi è arrivato a questo punto, poiché deve essere interessato sul serio alla questione, di non perdersi la lettura di un testo fenomenale. Si intitola *For Good and Evil*, è opera di un americano, Charles Adams, ed è un fantastico tomo di 567 pagine che in Italia verrà pubblicato da quel meritorio editore per noi liberal-liberisti che è Liberilibri. È una delle più complete e fenomenali storie delle tasse nell'arco di seimila anni di sviluppo dell'intera umanità su questo pianeta. Comincia con una tavoletta sumera che recita testualmente: «Puoi avere un Signore, puoi avere un re, ma l'uomo di cui aver paura è l'esattore delle imposte». Lo scriba, nell'antico Egitto, era colui il cui ruolo era tanto essenziale che non veniva tassato. Le tre radici della civiltà occidentale – l'antica Grecia, Roma e Israele – sono impastate di drammi e rivolte fiscali. Dio punì Israele con le tasse. Le tasse ebbero una funzione determinante in millenni d'Impero in Cina, dovendosi allineare alle dottrine del Tao e di Confucio. Nel Medio Evo, fu l'esazione a rendere sempre più incerta la presa dei signori locali sulla terra, e a favorire la nascita delle moderne monarchie nazionali. La Guerra civile inglese e la Gloriosa rivoluzione del 1688, la Rivoluzione americana e quella francese, tutte nacquero sul presupposto di una vasta, motivata e risoluta protesta fiscale, che da sommossa iniziale si trasformò in breve tempo in potente moto della storia. La Guerra di secessione americana tutti la ricordiamo per via dell'emancipazione degli schiavi, ma era per un diverso regime di tassazione a favore del Nord e delle sue manifatture che il Sud si separò dall'Unione e la combatté.

La prima vittima di un'imposizione ottusa è sempre stata la libertà, scrive Adams, e le vittime successive il benessere e la forza di una nazione. Fu John Adams a utilizzare il termine «imposizione fiscale rovinosa», per descrivere le tasse britanniche che causarono la Rivoluzione americana, e John Stuart Mill il primo a usare l'espressione «rapina legalizzata» che noi qui ancora facciamo nostra, per descrivere l'imposta personale sul reddito. Sull'entrata della sede principale dell'Internal Revenue Service, l'Agenzia federale delle entrate americana, è inciso che «le tasse sono il prezzo che paghiamo per una società civile». Ma il modo in cui tassiamo e spendiamo determina, in larga misura, se siamo ricchi o poveri, liberi o schiavi e, cosa più importante, buoni o cattivi.

Per questo non bisogna demordere. L'Italia non può e non deve fare eccezione. Bisogna chiedere anche qui che, come altrove in altri grandi Paesi europei, vengano istituite cattedre e insegnamenti di storia delle tasse e dell'imposizione fiscale. Bisogna che l'informazione se ne occupi e studi la materia, ma non per le pagine di servizio dei consigli del tributarista ai lettori. Ai media spetta riappropriarsi della insopprimibile «cifra di libertà» che è insita in ogni questione fiscale. Solo se avverrà ciò, visto che in Occidente sono i media a far perdere o vincere le guerre dal Vietnam in avanti, la guerra contro un fisco tanto predatore avrà qualche possibilità di essere vinta. Perché diventerà condivisa e di massa, facendo aprire gli occhi al contribuente che è abituato da decenni e secoli a tenerli chiusi, fatalisticamente.

La tassazione contemporanea è monetaria, universale, impersonale, è un attributo e un'espressione tanto peculiare della trasformazione della statualità moderna che ai livelli attuali e per le pretese di pervasivo e occhiuto controllo esercitato, o anche solo dichiarato su ogni affare privato, mai si era manifestata in forme talmente onnivore se non in regimi compiutamente e modernamente totalitari. Ed è intrinsecamente illiberale e totalitaria, tutta una silloge di contraddizioni fiscali del nostro ordinamento, che vanno messe all'ordine del giorno di un'azione di contrasto molto energica e aspra.

Pensate per esempio al nocciolo stesso della svolta che fu alla base delle tre grandi rivoluzioni, l'inglese, l'americana e la francese, il famosissimo principio del *no taxation without representation*. Nei Paesi di Common Law, per loro fortuna, il principio di autoimposizione individuale pre-esiste a qualunque teoria e legittimità dell'ordinamento pubblico. La Costituzione della società civile viene prima di qualunque Costituzione dello Stato, e la giurisprudenza consuetudinaria custodisce gelosamente le libertà della persona, della famiglia e di tutte le libere associazioni in cui persona e famiglia intessono i propri rapporti al fine di esprimere le proprie capacità e interessi. Purtroppo, nei Paesi di Civil Law ai quali l'Italia appartiene, figli delle codificazioni romanistiche e del Code Napoleon, l'autoimposizione è quella del Monarca e dello Stato, non dell'individuo e della famiglia naturale. Dai due modelli storico-giuridico-normativisti discendono due opposti fondamenti della legge tributaria. Nei Paesi di autoimposizione individuale, la legge fiscale è autolimitazione dello Stato nei confronti della prioritaria tutela di chi è titolare di libertà naturali precostituite, l'individuo e la famiglia. Nei Paesi di autoimposizione statuale, la legge fiscale fissa invece le sempre più ampie e voraci prerogative vantate dallo Stato e dall'ordinamento nei confronti del cittadino-suddito. Le due diverse teorie si sono solo apparentemente incrociate e reciprocamente fecondate, ai tempi del liberalismo classico. È vero che lo Statuto albertino pose all'articolo 30 il limite che nessun tributo poteva essere imposto o riscosso se non consentito dalla Camera e sanzionato dal Re, a tutela dunque del *no taxation without representation*. Ma già nel 1866 la Corte di Cassazione di Torino ribaltò il tradizionale principio, *in dubio contra fiscum*, per abbracciare invece ciò che da allora costituisce minacciosa premessa di ogni spoliazione pubblica ai danni del cittadino contribuente, *in dubio pro fisco*. Entra così nell'ordinamento il *solve et repete*, principio di totale abiezione che spoglia il contribuente di ogni paritario diritto all'impugnativa, visto che il contribuente contestato dall'amministrazione prima deve pagare il richiesto e poi, solo poi, può agire a propria tutela.

Ebbene, non è questa certo la sede per anche solo sintetiche considerazioni di filosofia del diritto tributario. Ma vi sono contraddizioni tanto patenti nell'Italia di oggi, ancorché non rilevate da media, editorialisti e politici, che gridano vendetta rispetto a secoli e secoli di tradizione giuridica a tutela dell'individuo. È una tradizione che non piace alla sinistra, perché non è giacobina – e anzi furono i giacobini con la legge le Chapelier, nel 1791, a proibire qualunque associazione di mestiere in Francia, considerata come retaggio dell'Ancien Régime ma in realtà perché lo Stato non voleva nulla che si frapponesse fra la propria pretesa di esercitare potere assoluto e il cittadino nudo e indifeso, il più possibile privo di reti di solidarietà e sussidiarietà. È una tradizione che non piace ai socialisti, ai collettivisti e ai comunitaristi di ogni genere, per ragioni ancor più autoevidenti. Ma è una tradizione che in teoria, almeno in teoria, stava alla base del nostro ordinamento liberale e costituzionale, e dunque va riscoperta, rilanciata e difesa con le unghie e con i denti.

Per esempio: l'articolo 30 dello Statuto albertino, divenuto l'articolo 23 della nostra Costituzione repubblicana, è da decenni completamente ignorato, calpestato e deriso. E da chi? Dal legislatore, dallo Stato, dall'amministrazione fiscale. L'articolo 23 della Carta Costituzionale prescrive infatti che nessuna prestazione personale o patrimoniale possa essere imposta se non per legge, a garanzia che sia soltanto il Parlamento come espressione depositaria della sovranità popolare a stabilire nuovi tributi. Come non bastasse, nel nostro ordinamento l'articolo 23 è stato attuato dalla legge 212 del 27 luglio 2000, meglio nota come Statuto dei diritti del contribuente, che precisa tassativamente come in nessun caso le disposizioni costituzionali in oggetto possano esser modificate da leggi speciali, che in nessun caso l'adozione di norme fiscali interpretative possa essere disposta se non con legge ordinaria, e infine che mai e in nessun caso l'adozione di nuovi tributi possa avvenire attraverso lo strumento del decreto legge, poiché la decretazione d'urgenza emanata dal governo è patente violazione del principio secondo il quale il contribuente può piegarsi solo alla volontà del

Parlamento che lo rappresenta, e che egli ha contribuito ad eleggere.

Ebbene, mai norme costituzionali e ordinarie sono state più violate di queste. L'intero diritto tributario italiano si fonda pressoché esclusivamente su decreti legge – come il Visco-Bersani di cui ci siamo occupati – e addirittura su migliaia e migliaia di pagine di norme men che regolamentari, quali le minuziosissime circolari emanate dalle diverse Agenzie in cui si struttura l'Amministrazione finanziaria. La riforma del nostro ordinamento fiscale, adottata più di trenta anni fa per legge delega, doveva completarsi entro il 31 dicembre 1972 e fu invece prorogata e lasciata come cantiere aperto fino al dicembre del 1982, con oltre un centinaio di decreti legge, decreti legislativi, ministeriali e della presidenza del Consiglio a costituirne fonte normativa. In ordine alla sola imposta sul valore aggiunto, i decreti legge emanati dai governi dal 1984 ad oggi ammontano al numero di 178. La stessa legge finanziaria 2007 del governo Prodi, approvata con oltre cento disposizioni innovative in maniera fiscale e contributiva con voto di fiducia sui 1365 commi in cui è stata articolata al Senato, e senza filtro di esame in commissione parlamentare, è una patente violazione dello Statuto del contribuente e della Costituzione.

Tutto ciò infrange in maniera vergognosa il diritto di autoimposizione dell'individuo. Occorre un giudice *a quo* per un'ordinanza incidentale di fronte alla Corte Costituzionale, capace di arrestare l'imbarbarimento del sistema. La riserva di legge va solennemente ripristinata nella sua funzione di garanzia piena e assoluta del cittadino. Contro lo Stato e le pretese del suo governo pro tempore. A costo di ripetere l'incidente costituzionale per decine di volte se necessario, finché si farà breccia nelle mura dello Stato fiscalista che ormai si costruisce un diritto a proprio uso e consumo. Analogo principio deve valere per le norme comunitarie aventi effetti di controprestazioni fiscali, poiché tali norme sono emanate da un Consiglio europeo che non è espressione diretta della sovranità popolare.

Lo stesso può dirsi a proposito dell'articolo 53 della Costituzione, e della nozione tante volte già richiamata della progressività del prelievo. Tale norma costituzionale nasce a tutela della *liberty and property clause* individuale, per contemperare pretese dello Stato e capacità contributiva del cittadino. Ma è un fatto che, nella giurisprudenza italiana, decennio dopo decennio il limite della pretesa statuale si è via via più affinato, fino a sparire del tutto e a trascolorare nella sola, manifesta e palese arbitrarietà della statuizione pubblica, non nel limite naturale del diritto del contribuente che pre-esiste allo Stato. Occorre anche qui un'azione di impugnativa costituzionale decisa e al limite della rottura di una deriva inerziale al quale l'ordinamento è stato condotto dal prevalere di teorie statualiste, idealiste e socialiste. Che la Corte costituzionale italiana stabilisca qualcosa di simile al *Familienexistenzminimum*, con cui la Corte di Karlsruhe nel 1990 respinse le pretese del governo federale tedesco e dei Länder di tassare livelli di reddito familiari che per diritto naturale dovevano essere invece considerati intangibili per ogni ordinamento pubblico, in quanto prioritariamente e insindacabilmente volti a garantire il livello di minimo decoro, benessere, istruzione e al perseguimento delle vocazioni dei componenti di ogni singolo nucleo familiare, esercitati secondo le proprie irriducibili scelte personali. La clausola di bisogno del contribuente viene prima della clausola di necessità pretesa dallo Stato: sempre. È ridicolo e offensivo per l'idea stessa di umanità, che il diritto civile giustamente abbia fissato soglie di reddito precise per le quali tutelare il diritto-dovere al sostegno tra coniugi separati e tra genitori e figli, mentre il diritto pubblico rifiuta di farlo quando è lo Stato a pretendere oltre la metà di tutto quanto si scambia e produce in un Paese.

Non si tratta soltanto di rivendicare con forza la tutela dei livelli di reddito minimali, per consentire a ciascuno un'esistenza dignitosa al di fuori dell'orbita pubblica. Si tratta di affermare con più forza ancora il diritto a un proprio crescente risparmio fiscale, all'incentivo e non al disincentivo a impiegare in proprio la massima quantità di risorse di cui ciascuno dispone. È la base del principio di sussidiarietà, che molto sta a cuore a noi liberisti personalisti come ai cattolici che lo stanno finalmente riscoprendo, dopo i lunghi decenni in cui l'eredità della Questione Romana risolta dai Savoia e da Mussolini aveva annegato la sussidiarietà nella sola Scuola, Sanità e Assistenza di Stato. La *De Tax* di Tremonti, una più vasta *No Tax Area*, il cinque per mille, una legislazione sui liberi voucher scolastici esercitati a scelta insindacabile delle famiglie, norme che agevolino le grandi donazioni ad associazioni e privati, sul modello delle *Grosspenden* tedesche o dei *Charitable Trusts* della Gran Bretagna: tutto ciò passa per un ribaltamento delle violazioni alle quali sono continuamente sottoposti i due richiamati articoli della Costituzione. E c'è un'intera nuova visione della società, basata sulla sussidiarietà verticale e orizzontale e su risorse garantite non più allo Stato onnivoro ma a privati «sociali» che sanno e vogliono far meglio perché fanno in proprio, che passa attraverso questa rivoluzione fiscale volta a soddisfare i bisogni di giovani, anziani, disabili e malati, non certo di ricchi Paperoni che vogliano evadere il fisco. Più società e meno Stato, nella sussidiarietà orizzontale, più comunità locale e meno centralismo, nella sussidiarietà verticale.

Ma c'è di più, molto di più, sempre a proposito di progressività negata e di articolo 53 della Costituzione. Perché continuare ad accettare supinamente che la progressività del prelievo sia tanto scioccamente esaltata sui redditi delle persone fisiche, quando poi sul reddito d'impresa avviene l'esatto opposto? Perché in Francia, Regno Unito, Spagna, Paesi Bassi e Lussemburgo l'imposta sui redditi delle società è progressiva, e l'aliquota cresce in funzione dell'imponibile? Perché in Francia e Spagna oltre a questo criterio ve n'è uno concomitante, che nel determinare l'aliquota da applicare tiene anche conto delle dimensioni delle società in termini di fatturato? Perché in Portogallo l'aliquota per le imprese è minore per soglia di occupati? Sbagliano forse ben 7 Paesi su 15 degli originali dell'Unione Europea? E abbiamo invece ragione solo noi, visto che in Italia non vi sono disposizioni per l'aliquota e per gli altri criteri di tassazione a favore delle piccole e medie imprese, malgrado il fatto che l'attività d'impresa nel nostro Paese sia effettuata in larghissima prevalenza da aziende di piccola o piccolissima dimensione, che non hanno la veste di società di capitali? E perché al contrario la realtà italiana, che vede il gettito d'imposta raccolta per tutti i fattori che gravano sull'impresa – in sostanza di triplice ordine: diversa tassazione dei redditi d'impresa sulle società di persone e di capitali, a seconda della forma giuridica in cui è organizzata l'attività; tassazione sulle ristrutturazioni aziendali; tassazione dei gruppi d'imprese, introdotta grazie al meritorio consolidato fiscale due anni fa – registra invece una situazione improntata alla più brutale regressività, con la grande impresa che paga imposte secondo un'aliquota media dai 6 agli 8 punti inferiore rispetto a quella che grava sui medio-piccoli, e tutto ciò rispetto a una situazione generale in cui la pressione fiscale complessiva sulle aziende resta di quattro punti superiore in Italia rispetto alla media OCSE?

È assolutamente ovvio, almeno a giudizio di chi qui scrive, che l'attuale condizione italiana sia totalmente iniqua e distorsiva. E che nel determinare tale iniqua ripartizione del carico fiscale – che frena la crescita e l'innovazione italiana, ed esenta le imprese dal principio di progressività del prelievo tanto sbandierato in Costituzione e chissà perché riservato solo alle persone fisiche – abbiano concretamente e storicamente contribuito non fattori di attenzione da parte della politica alle specifiche caratteristiche del sistema produttivo italiano, bensì esclusivamente la ben diversa forza che la grande impresa ha sempre saputo, voluto e potuto organizzare nell'arena pubblica.

Basti pensare alla DIT di Vincenzo Visco, introdotta sotto il primo governo Prodi dell'Ulivo e che oggi si vorrebbe tornare a ripristinare. Non c'è qui lo spazio per approfondire. Diciamo che Visco si riferiva allora – e continua a riferirsi – a un modello «duale» di tassazione del reddito d'impresa, vicino a quello dei Paesi scandinavi, con una remunerazione ordinaria del capitale uguale al primo scaglione IRPEF e allineato all'aliquota sugli impieghi finanziari nonché sui redditi da fabbricati. È uno dei due sistemi generali invalsi nei Paesi avanzati. Anche se chi scrive aderisce naturalmente al sistema contrapposto, quello della *comprehensive income tax*, l'imposta sul reddito-entrata secondo cui tutti i redditi, da lavoro e da capitale, dovrebbero concorrere a determinare la base imponibile dell'imposta personale con medesima aliquota, anzi aliquota unica e assai bassa intorno al 20%, la *flat tax* di cui tanto abbiamo parlato.

Ma quel che conta non è tanto lo scontro tra i due modelli. Ciò che la dice lunga è che nell'introduzione di DIT e SuperDIT in Italia, otto anni fa, la base patrimoniale e finanziaria sulla quale fu costruito il caso da manuale delle norme di attuazione era quella della Telecom Italia di allora: col bel risultato che imprese grandi e grandissime, iperfinanziarizzate e con catene di controllo all'estero, pagavano un'aliquota media su redditi pari addirittura alla metà di quella media gravante su imprese medie e piccole. È Confindustria, per molti versi, la radice di tutti i mali a questo proposito: prima si cambierà la struttura della rappresentanza dell'impresa in Italia, e prima i medio-piccoli capiranno che nel nostro Paese il legislatore si influenza solo avendo – purtroppo – giornali in mano e grandi banche intrecciate al proprio capitale e ai propri debiti, prima si invertirà il paradosso della tassazione regressiva che strozza milioni di piccole imprese italiane.

Quanto poi alla tutela del contribuente nelle procedure fiscali, basti qui ricordare l'impossibilità attuale di impugnativa nella fase del controllo cartolare – sia esso sintetico o analitico – con cui l'amministrazione avvia i suoi accertamenti sulle singole posizioni. L'impugnativa è possibile solo alla messa a ruolo, cioè quando lo Stato furbescamente e rapinosamente si costituisce premessa per l'immediata esecutività del proprio titolo di credito, affermato e vantato al di fuori di ogni contraddittorio. Ai tempi di Carlo II, in Gran Bretagna, ciò non sarebbe mai stato possibile.

Certo, è vero. Le imposte delineano una società divisa in due: da una parte gli individui comuni, che non possono aggredire il prossimo e non possono sottrarre le risorse di cui altri dispongono; e dall'altra gli uomini politici e di governo, i quali possono legalizzare ogni forma di esproprio e di furto. La tassazione è una forma di aggressione, e se così non si fosse manifestata non vi sarebbe stata una secolare evoluzione delle garanzie a tutela dell'individuo e della sua sfera di intangibilità personale. Purtroppo, lo Stato moderno affermatosi nelle nostre lande, con Niccolò Machiavelli che ha separato la morale dalla politica e il Principe dai sudditi, Giovanni Botero con la sua «Ragion di Stato», Jean Bodin con la sua religione fondativa di un nuovo feticcio, lo Stato, ci hanno resi assai più schiavi delle pretese e dei capricci del fisco di quanto avvenga ad altri popoli più fortunati. E tuttavia, non è la pedissequa rassegnazione la strada da seguire più oltre.

Lo Stato, nel nostro caso italiano soprattutto, non è affatto sinonimo di più giustizia sociale. Esso è vischiosamente e ineliminabilmente prigioniero di interessi organizzati che badano a massimizzare il proprio tornaconto: che non è il mio e non è il vostro, a meno che non ne siate amministratori, dipendenti, clienti o fornitori. Grazie al cielo, la globalizzazione ci dà una mano. La catena che un tempo era ininterrotta, tra territorio, Stato, legge e fisco, è infranta a ciascuno dei passaggi da una molteplicità di inafferrabili intrecci tra *lex mercatoria* e principio di convenienza, volatilità dei capitali e immaterialità delle tecnologie attraverso le quali si negoziano ogni giorno contratti su *options, fu-*

tures e derivati per migliaia e migliaia di multipli in termini di valore, rispetto agli scambi sottostanti e corrispettivi di merci e servizi reali e tangibili. Lo Stato può poco o nulla di fronte a chi si è da tempo smaterializzato alle sue pretese. E da questo punto di vista ancora una volta sbagliano gli eticisti del fisco: i cosiddetti paradisi fiscali, al di là degli affari a volte loschi che ospitano e proteggono, svolgono una funzione assai potentemente etica, perché impediscono a qualunque lega di governi di credere per davvero di poter riuscire nell'armonizzare al rialzo le proprie aliquote marginali, mettendole in comune nel sogno di rendere ancor più blindato e onnipervasivo il proprio sistema di rapina fiscale. Non è così. Persino quando il governo Prodi ha cercato di reintrodurre una tassa stupidissima e massimamente autolesionista, come la tassa di soggiorno in un Paese ad alto tasso di attività turistiche, è stata la competizione dal basso tra soggetti diversi a rendere la cosa impraticabile.

È ormai, grazie al cielo, troppo sfuggente la realtà del mercato e dei suoi mille negozi immateriali, perché il normativismo eticista dei tassatori possa pensare di riacchiapparla per la coda e ridurla a rientrare nella lampada di un tempo, come un genio al quale sia scaduto il tempo. I fondamenti stessi della coercizione statale, dagli eserciti sempre più formati da *private contractors* alle agenzie sempre più in *outsourcing*, confliggono con l'idea della redistribuzione egualitaria, socialista e statalista per la quale è nato il fisco al servizio degli eserciti di massa della coscrizione obbligatoria.

Non c'è bisogno di rivolte violente, per ribellarsi a questo fisco rapace. Bisogna innanzitutto potenziare e attuare una capillare opera informativa. Basti pensare al nostro paragone con gli USA, e spiegare puntualmente come la nostra regressione rispetto al reddito pro-capite americano – siamo tornati in quindici anni ai due terzi di quello del lavoratore statunitense, mentre eravamo arrivati all'82% venticinque anni fa – dipenda puntualmente dal potente disincentivo esercitato da un fisco troppo esoso tanto sull'offerta che sulla domanda aggiuntiva di lavoro, il tutto per sostenere una spesa pubblica pari al 50% del PIL rispetto al poco più del 30% a Washington

Mi si dirà, da parte di chi tifa sinistra, che noi non siamo l'America e per fortuna, perché abbiamo un modello sociale più coeso e meno darwinista. Lasciamo allora perdere gli States, che noi comunque preferiamo perché amiamo una società in cui gli individui sono più liberi di crescere e migliorare la propria posizione sociale col loro reddito, senza dover aspettare che la funzione cosiddetta redistributrice sia onerosamente esercitata dallo Stato, a vantaggio di partiti e sindacati che lo occupano. Parliamo allora dell'Irlanda. Dieci anni fa, come PIL pro-capite rispetto agli USA eravamo più avanti noi. Da allora, gli irlandesi hanno sopravanzato noi ma anche Francia e Svezia, passando dal 55% di quello americano all'86%. All'inizio degli anni Ottanta, nell'Irlanda stagnante e statalista l'aliquota marginale sui redditi personali era del 65%, quella sui *capital gains* del 60%, quella sul reddito d'impresa del 52%. Poi in Irlanda si affermarono finalmente politici che capirono la lezione dei mercati. Oggi l'aliquota marginale sui redditi delle persone fisiche è scesa di 25 punti, quella sui *capital gains* di 40 punti, quella sul reddito d'impresa di 38 punti: le aziende irlandesi pagano solo il 12,5%, sui propri utili. Tutto ciò è stato realizzato attraverso una drastica e sistematica riduzione della spesa pubblica corrente, in due fasi durate circa sei anni l'una. Nella prima la spesa diminuì del 13% del PIL, nella seconda di un altro 11% del PIL. Oggi la spesa pubblica irlandese è pari a meno del 35% del PIL, rispetto al 51% a cui stava allorché l'Irlanda era del tutto simile all'Italia. L'effetto è stato clamoroso: il PIL dell'Irlanda è cresciuto in media del 7,7% all'anno da dodici anni a questa parte, mentre noi siamo reduci da un pluriennio di stagnazione e nel decennio ultimo abbiamo una media di poco superiore all'1%. Teniamoci stretto l'1,9% di PIL in più del 2006, ma se vogliamo che non torni a picchiare verso il basso la linea è meno tasse.

Nell'Indice delle Libertà Economiche elaborato annualmente dalla Heritage Foundation, in Europa l'Italia è battuta solo dalla Grecia, nella graduatoria dei maggiori freni alla crescita rappresentati da troppe tasse, troppi contributi, troppi vincoli all'impresa, mercati del lavoro troppo rigidi, debiti previdenziali contratti da sistemi pensionistici pubblici e a base retributiva troppo elevata. Come dice il grande economista Gary Becker, «la competizione tra nazioni per la crescita tende a produrre una gara, tra chi è più abile a limitare in ciascun Paese la capacità di politici e potenti e voraci gruppi d'interesse a imporre la loro volontà, le loro tasse e le loro spese, a detrimento degli interessi della vasta maggioranza dei loro concittadini». Per questo, l'Italia tassa-e-spendi della recente finanziaria il 3% di crescita annuo stabile temo se lo sogni, se non si attiva un potente moto antifiscale.

Come prova uno studio realizzato da un gruppo di ricerca delle università di Monaco e di Innsbruck pubblicato in Germania, *Corporate Taxation and Multinational Activity*, sulla base di dati OCSE dal 1991 al 2001, l'imposizione tributaria ha implicazioni significative su quegli investimenti dall'estero che l'Italia intende attirare, ma che il fisco induce a scappare. E come scrivono due economisti spagnoli, Javier Diaz Gimenez e Josep Pijoan-Mas, nel loro *Flat Tax Reforms in the US: A Boon for the Income Poor*, una riforma tributaria basata su un'aliquota sola è una vittoria e un'occasione per i redditi dei poveri. Votano socialista e Zapatero, i due autori, ma ciò non li induce a negare la realtà dei loro studi: secondo l'analisi econometrica la *flat tax*, tanto aborrita dalla sinistra tributaria italiana ed europea, farebbe in modo che chi sta ai gradini più bassi della scala dei redditi pagherebbe meno al fisco e avrebbe maggior benessere.

So che probabilmente è un'illusione, che in Italia improvvisamente nascano dieci, cento e mille nuovi Angelo Sguazzi. Anzi, sono pressoché certo che quasi nessuno di voi lettori ricorderà neppure chi sia quel simpatico torinese che anni fa portò in piazza trentamila cittadini contro le tasse e lo Stato rapinatore, senza che nessuno se lo aspettasse e senza nessun partito dietro. Di Sguazzi pronti a battersi contro le tasse dell'idra statalista in agguato, al contrario, io mi auguro ce ne siano tanti. E anche se viviamo in un Paese singolare dove i primi a battere le mani a nuove tasse su imprese e lavoratori autonomi sono Confindustria e i suoi vertici, spero tuttavia che molti dei suoi iscritti non la pensino così. Il giorno in cui qualcuno decidesse di metter mano contro il fisco ai cartelli, ai banchetti, ai campanacci, alle marce di protesta, faccia un fischio. Bisogna procedere dritti dritti sino all'autodenuncia per disobbedienza civile, per chi se la sentirà di trasformare il proprio secco no a nuove tasse in una grande campagna di mobilitazione, in una grande battaglia per la libertà degli individui, delle famiglie e delle imprese. Che ci processino, se credono. Tutte le grandi democrazie sono nate da rivolte fiscali. Ma qui da noi non la farà nessun partito. Bisognerà far da soli: più saremo a difendere i diritti del nostro portafoglio, prima che quelli di questo o quel leader politico, più saremo credibili, numerosi e forti. Altrimenti, pagate in silenzio e non lamentatevi della vostra schiavitù.

Bibliografia essenziale

Tutti i paper richiamati nel testo sono consultabili e scaricabili in rete sul sito del Social Science Research Network.

AA. VV., *La crisi dell'imposizione progressiva sul reddito*, Milano, 1984.

Adams, C., *For Good and Evil. The impact of Taxes on the Course of Civilization*, Lanham, 2001.

Antonini, L., *Sussidiarietà fiscale*, Milano, 2005.

–, *Dovere tributario, interesse fiscale e diritti costituzionali*, Milano, 1996.

–, *Verso un nuovo federalismo fiscale*, Milano, 2005.

Bartolini, S., *Il principio di legalità in materia di imposte*, Padova, 1957.

Bertolissi, M., *Rivolta fiscale, federalismo, riforme costituzionali*, Padova, 1997.

Boccalatte, S., *La flat tax è incostituzionale?*, www.brunoleoni.it

Buchanan, J. - Brennan, G., *The Power to Tax. Analytical Foundations of Fiscal Constitution*, Indianapolis , 2000.

Chodorov, F., *Taxation is robbery*, www.mises.org

Cipollina, S., *I confini giuridici del tempo presente. Il caso del diritto fiscale*, Milano, 2003.

De Jouvenel, B., *L'etica della redistribuzione*, Macerata, 1992.

De Mita, E., *Il diritto tributario tra diritto comune e principi costituzionali*, in «Jus», 1998, pp. 41 sgg.

–, *La legalità tributaria*, Milano, 1994.

Einaudi, L., *Miti e paradossi della giustizia tributaria*, Torino, 1940.
–, *Principi di Scienza delle finanze*, Torino, 1952.
Falsitta, V.E., *Per un fisco civile*, Milano, 1996.
Ferrara, F., *Lezioni di economia politica*, Bologna, 1934.
Franzese, L., *Ordine economico e ordinamento giuridico. La sussidiarietà nelle istituzioni*, Padova, 2004.
Friedman, M., *Capitalism and Freedom*, Chicago, 2002.
Hayek, A.V., *Legge, legislazione e libertà*, Torino, 1982.
Leoni, B., *La libertà e la legge*, Macerata, 1994.
Marongiu, G., *I fondamenti costituzionali dell'imposizione tributaria*, Torino, 1991.
Martino, A., *Stato padrone: la schiavitù fiscale, dimensioni, cause e possibili rimedi*, Milano, 1997.
Menger, C., *Principi fondamentali di economia*, Catanzaro, 2001.
Mill, J.S., *Sulla libertà*, Milano, 2003.
Pennacchi, L., *L'eguaglianza e le tasse. Fisco, mercato, governo e libertà*, Bologna, 1994.
Piombini, G., *La proprietà è sacra*, Bologna, 1991.
Rauti, A., *Sui principi di progressività, proporzionalità e ragionevolezza, tre principi di una comune problematica*, in «Diritto Societario», 2001, pp. 407 sgg.
Rothbard, M.N., *Man, Economy and State*, Auburn, 2004.
–, *The Single Tax: Economic and Moral Implications*, www.mises.org
Salin, P., *La tirannia fiscale*, Macerata, 1997.
Smith, A., *La ricchezza delle nazioni*, Roma, 1995.
Tremonti, G., *Lo Stato criminogeno*, Bari, 1997.
Tremonti, G. - Vitaletti, G., *Il federalismo fiscale*, Bari, 1994.
Vittadini, G. (a cura di), *Liberi di scegliere*, Etas, Milano, 2002.
Von Mises, L., *Il fallimento dello Stato interventista*, Catanzaro, 1997.

«Contro le tasse»
di Oscar Giannino
Collezione Frecce

Arnoldo Mondadori Editore S.p.A.

Questo volume è stato impresso
nel mese di giugno dell'anno 2007
presso Mondadori Printing S.p.A.
Stabilimento NSM - Cles (TN)

Stampato in Italia - Printed in Italy